Vivre autrement

SOUS LA DIRECTION DE
MARIO PROULX

VIVRE AUTREMENT

Plaidoyer
pour la **santé**

avec **David SERVAN-SCHREIBER, Matthieu RICARD,
Serge MARQUIS, Benoît LACROIX, Martin JUNEAU,
Arnaud DESJARDINS, Richard CHEVALIER, Jean-Louis BRAZIER,
Alain BEAUREGARD, Christine ANGELARD, Christophe ANDRÉ**

RADIO
PREMIÈRE CHAÎNE

Bayard
CANADA

ISBN 978-2-89579-223-9
Dépôt légal 3e trimestre 2008 : Bibliothèque et archives nationales du Canada
Bibliothèque et archives nationales du Québec

Propos recueillis par Mario Proulx
Direction éditoriale : Jean-François Bouchard
Rédaction : Lise Lachance (Servan-Shreiber, Ricard) et Andrée Quiviger
(Marquis, Lacroix, Juneau, Desjardins, Chevalier, Brazier, Beauregard, Angelard, André)
Couverture, conception graphique et mise en page : Mardigrafe
Transcription des entretiens : Monique Deschênes

Les données de catalogage avant publication sont disponibles sur le site Internet de Bibliothèque et archives nationales du Canada : www.collectionscanada.gc.ca

Bayard Canada Livres
4475, rue Frontenac
Montréal (Québec) H2H 2S2
Canada

Nous reconnaissons l'aide financière du gouvernement du Canada par l'entremise du Programme d'aide au développement de l'industrie de l'édition (Padié) pour nos activités d'édition.
Bayard Canada livres remercie le Conseil des Arts du Canada du soutien accordé à son programme d'édition dans le cadre du Programme de subventions globales aux éditeurs.

Conseil des Arts   Canada Council
du Canada   for the Arts

Cet ouvrage a été publié avec le soutien de la SODEC. Gouvernement du Québec – Programme de crédit d'impôt pour l'édition de livres – Gestion SODEC.

Imprimé au Canada

Préface

C'est en 2003, à la lecture de *Guérir*, le best-seller du psy-chiatre David Servan-Schreiber, qu'a germé en moi l'idée de créer une série documentaire radio sur la santé, plus préci-sément sur la rencontre des différentes médecines et thérapies pratiquées dans le monde. Cet ouvrage m'avait convaincu que l'avenir de la médecine réside dans la mise en commun de toutes ces pratiques et connaissances. Toutefois, les détours que nous font prendre la vie m'ont temporairement éloigné de ce projet.

À l'automne 2007, je m'apprête à monter à bord d'un avion qui doit m'amener en Argentine. Le vol s'annonce interminable. Je me cherche donc un bon livre pour me tenir compagnie. Sur les rayons dans une boutique, j'aperçois le dernier ouvrage de Servan-Schreiber, *Anticancer*, et je me le procure. À l'aller, et pendant toute la nuit que durera le vol de retour, je resterai plongé dans ce livre passionnant que je terminerai quelques ins-tants seulement avant la dernière escale, Toronto. Or, tout au cours de cette nuit, mon esprit allait vers une connaissance, Alain Beauregard, qui venait de guérir d'un cancer très grave jugé in-curable. L'histoire de cette guérison que je connaissais très bien recoupait à bien des égards celle de David Servan-Schreiber, lui aussi revenu de la terrible maladie. Ce matin-là, à Toronto, le hasard a voulu que je croise Alain dans les couloirs de l'aéroport. Il rentrait d'une retraite bouddhiste à San Francisco. Je lui ai de-mandé s'il accepterait de raconter son histoire à la radio.

Lorsqu'il m'a répondu oui, j'ai su que je ferais cette série.

Pendant plusieurs mois, j'ai mené une cinquantaine d'entrevues en profondeur avec certains des plus grands spécialistes de la santé physique, mentale et spirituelle de la planète. Des gens de grande expérience qui ont beaucoup à dire. Or, le format documentaire exige un montage plutôt rythmé qui entraîne le découpage des interviews en courts extraits choisis. J'ai senti que certains témoignages devaient être privilégiés et être reproduits dans leur ensemble, d'où l'idée du présent livre.

Vivre autrement, c'est une réflexion globale sur les valeurs de notre société : l'excellence, le dépassement de soi, la performance, la rentabilité, la course effrénée vers quelque chose d'inatteignable qui se transforme souvent en épuisement physique ou professionnel et en détresse psychologique. Vivre autrement, c'est ralentir quand il le faut, gérer son stress, travailler autrement, manger autrement, communiquer et entretenir des relations plus sereines avec son entourage. C'est aussi s'arrêter pour réfléchir sur sa nature profonde et sur ce que l'on veut vraiment faire de sa vie. Vivre autrement, c'est changer, se responsabiliser face à sa propre santé, ne plus s'en remettre uniquement au médecin et à la pilule miracle. Cet ouvrage s'intéresse beaucoup à la prévention, que l'on appelle aussi la santé active et qui sous-entend le choix de mieux vivre et de se prémunir ainsi contre la maladie. Ceci est à la portée de tout le monde.

Nous nous sommes penchés sur la façon dont la médecine classique occidentale est pratiquée, comparativement aux autres médecines et pratiques dites douces, alternatives, naturelles ou complémentaires. Il s'agit d'un sujet essentiel, mais délicat, parce que la médecine occidentale a toujours traité de haut les approches alternatives. Quant au monde journalistique, il ne fait guère dans la nuance et met généralement à tort tous ces praticiens dans le même sac, celui des abuseurs et des charlatans.

Heureusement, les choses changent peu à peu chez nous et plus rapidement dans d'autres pays. Parce que tout aussi efficace qu'elle le soit, notre médecine « scientifique » a ses limites, même si elle doit être privilégiée dans des situations d'urgence, pour les cas aigus. C'est une médecine surtout curative. Cependant, pour traiter les malaises et les maladies chroniques et celles de nature psychosomatique, les médecines naturelles font souvent beaucoup mieux, dans un rapport moins technique et beaucoup plus humain avec le patient. Elles soignent autant qu'elles traitent, et la personne est prise en compte dans sa globalité plutôt qu'en fonction de sa seule pathologie. Dans le contexte actuel où notre système de santé déborde et craque de toutes parts, il devient impératif de se pencher sur la valeur et la complémentarité des diverses approches. Bien sûr, il faut faire la part des choses entre ce qui est bon et moins bon. Bien sûr, les formations académiques doivent être suivies avec la plus grande rigueur, être uniformisées, réglementées et reconnues pour chaque pratique. Bien sûr, des ordres professionnels doivent encadrer les thérapeutes. Il faudra davantage d'études sérieuses pour mesurer la valeur des différentes thérapies tout en reconnaissant que tout n'est pas toujours mesurable dans l'état actuel de la science. Il faudra surtout qu'il y ait de l'ouverture de part et d'autre, sans dogmatisme, sans condamnations, sans condescendance. Peu de personnes aujourd'hui oseraient remettre en question la valeur de l'acupuncture ou de la méditation, des pratiques millénaires qui ont fait leurs preuves, à défaut d'être entièrement comprises et expliquées par la science occidentale.

Je tiens à remercier toutes les personnes qui ont accepté de témoigner pour la création de cet ouvrage. Elles nous donnent le privilège de nous arrêter et de réfléchir, ce qui n'est pas rien dans notre société où règne l'affolement.

Mario Proulx

Note de l'éditeur

Le présent ouvrage rassemble onze transcriptions d'entrevues réalisées par le journaliste Mario Proulx pour la série radiodiffusée *Vivre autrement*. Ces textes n'ont pas été rédigés par les personnalités interviewées. Ils sont le fruit de la transcription intégrale de chaque entrevue, aménagée en texte continu pour en faciliter la lecture.

Il ne faut donc pas y voir une œuvre littéraire, mais bien un document mis au service de la réflexion et du débat social sur la santé.

Le lecteur ne s'étonnera donc pas des imperfections stylistiques. Elles portent la trace de leur origine : la parole vive, osée au fil de la réflexion à voix haute, sur un sujet complexe et passionnant.

Vivre

Soigner autrement
DAVID SERVAN-SCHREIBER

L'interaction corps-esprit
CHRISTOPHE ANDRÉ

« Je veux vivre »
ALAIN BEAUREGARD

Soigner autrement

DAVID SERVAN-SCHREIBER

Vendu à plus d'un million d'exemplaires et traduit en 28 langues, *Guérir*, publié en 2003, connaît un succès international. En 2007, David Servan-Schreiber publie un deuxième ouvrage, *Anticancer*, traduit lui aussi en 28 langues, où il parle de sa propre expérience. Soigné grâce à la chimiothérapie, il évoque la possibilité d'accompagner, et non de suppléer, la médecine occidentale en stimulant les défenses naturelles de l'organisme.

Né en 1961, David Servan-Schreiber est issu d'une famille française célèbre. Il débute ses études de médecine à la Faculté Necker-Enfants malades à Paris en 1978 et les termine au Québec à l'Université Laval en 1984. Il poursuit ensuite des études de spécialisation en médecine interne et en psychiatrie à l'Hôpital Royal Victoria de Montréal (Université McGill). Plus tard, David Servan-Schreiber rejoint l'Université Carnegie Mellon de Pittsburgh. Il crée en 1988 avec Jonathan Cohen un laboratoire de Neurosciences Cognitives cliniques qu'il co-dirigera jusqu'en 1997. Il obtient un des premiers doctorats américains de neurosciences cognitives en 1990.

David Servan-Schreiber rentre partiellement en France en 2002. Il fonde et dirige l'Institut Français d'EMDR, ainsi que l'association regroupant les praticiens français de cette méthode de psychothérapie (EMDR-France). Il se lance alors dans l'écriture d'un livre sur ses différents travaux en médecine complémentaire appliqués à la psychiatrie. C'est ce livre, *Guérir*, qui lui vaudra une reconnaissance internationale.

Une approche différente de la médecine

J'ai fait la découverte d'une médecine totalement différente en Inde, plus précisément à Daramsalla, la capitale du gouvernement tibétain en exil. J'y ai rencontré des gens intelligents, très cultivés, qui comprenaient très bien la médecine occidentale et qui la connaissaient aussi, puisque bon nombre d'entre eux avaient étudié en Angleterre. J'ai constaté que leur propre tradition, qui était millénaire, avait aussi ses normes universitaires, qu'elle était enseignée, qu'elle donnait lieu à des débats, à des expériences, etc. Leur méthode pour guérir est empirique, ils cherchent à trouver les moyens qui fonctionnent et à éliminer ceux qui ne donnent aucun résultat.

J'ai compris que ces médecins parlaient des mêmes maladies que les nôtres, mais avec des accents très différents. Ils rencontraient les mêmes problèmes que les médecins occidentaux, les gens souffrent partout des mêmes maladies, mais ils les abordaient sous un angle différent. Par exemple, ils n'appelaient pas la dépression, la dépression, mais « le manque de *chi* dans les poumons ». Les symptômes étaient les mêmes que dans ma clinique pour la population pauvre de Pittsburg : des personnes qui pleurent, qui désespèrent de s'en sortir, qui ont parfois des idées suicidaires, qui manquent d'énergie, qui sont toujours fatiguées... Les médecins tibétains observaient les mêmes comportements, les regardaient avec leurs yeux à eux et les soignaient selon leurs méthodes. Des méthodes que l'on m'avait appris à voir comme des placebos : la méditation, l'acupuncture, la nutrition, des herbes, etc. Nous en discutions et il était clair que pour eux, ces façons de faire donnaient des résultats. D'ailleurs, il aurait fallu être extrêmement présomptueux pour conclure que ces « primitifs » utilisaient des moyens qui ne fonctionnaient pas. Ce sont des gens d'une très ancienne culture, des gens intelligents dont on vante les mérites dans toutes sortes de domaines. Nous savons tout ce qu'apporte la culture bouddhiste avec sa vision de la vie, des relations avec les autres, des rapports de l'humain avec l'Univers, avec l'animal, avec la nature. Comment pourrions-nous croire que dans le domaine médical, ces médecins soient idiots au point de continuer d'appliquer des méthodes qui ne donnent aucun résultat ? D'ailleurs, il suffit de visiter leurs cliniques, de parler avec leurs patients pour comprendre que leur façon de soigner est au moins aussi efficace que nos antidépresseurs.

La présence des deux systèmes de santé là-bas m'a forcé à réfléchir. Dans le système occidental, on trouvait des médecins formés en Angleterre et aux États-Unis, qui avaient les mêmes références que moi : le *Harrison*, le *Textbook of Medicine*. Nous étions sur la même longueur d'onde quand nous discutions. Je leur ai demandé : « Quand vous êtes malades, qui allez-vous voir ? À quelle médecine faites-vous appel : la traditionnelle ou l'occidentale ? » J'ai posé la question aussi bien au ministre de la santé, au frère du Dalaï-Lama, qu'aux gens dans la rue. Ils m'ont tous répondu la même chose et j'en ai été stupéfait : « Quand on souffre d'un mal aigu, un bras cassé, une appendicite, une pneumonie, on va voir le médecin occidental ; si on a une maladie chronique, on ne s'adresse pas à ce médecin. Les traitements occidentaux ne donnent pas de résultats. Ils fonctionnent pour les situations de crise, mais sont inefficaces pour les problèmes de fond. Ils ne permettent pas de travailler avec la capacité du corps à retrouver son équilibre et sa santé. C'est pourquoi, il faut alors s'adresser à la médecine traditionnelle. »

J'en suis resté estomaqué. Dans les hôpitaux occidentaux, beaucoup de malades nous arrivent avec des maladies chroniques. Le fait est encore plus clair en psychiatrie : dépression, anxiété… Et j'ai compris qu'en Occident, nous cherchions à guérir toutes les maladies chroniques avec des traitements adaptés aux maladies aiguës.

Avec la découverte et l'utilisation des antibiotiques, dans les années 1940, la médecine occidentale a fait un bond phénoménal. Le traitement des pathologies infectieuses devenait efficace, quels que soient les autres aspects de la vie : la façon de se nourrir, la relation entre le médecin et le malade, l'équilibre du mode de vie, le niveau de stress, etc. Tous les concepts qui entouraient la notion de médecine depuis Hippocrate étaient balayés par les antibiotiques. On n'avait plus à les prendre en compte. Alors les chercheurs se sont mis en quête de l'équivalent des antibiotiques pour toutes les maladies : la molécule qui agira directement sur le cancer, par exemple, celle qui corrigera le problème du diabète, etc.

J'ai compris que nous faisions la même chose en psychiatrie. Les antidépresseurs ne sont rien d'autre que l'équivalent des antibiotiques. On cherche le médicament qui soignera la dépression comme la pneumonie se guérit par de la pénicilline.

Le pouvoir de guérison

Un peu partout en Occident, les populations semblent remettre leur santé entre les mains de l'État. En fait, la santé est un capital, mais nous agissons comme si nous remettions notre argent entre les mains du gouvernement : « Occupez-vous en ! » Personne ne peut s'occuper de notre santé à notre place. La médecine doit donc aider les gens à retrouver leur pouvoir sur leur santé. Tout se passe comme si plutôt que d'apprendre aux citoyens à lire et à écrire, on leur donnait un scribe pour le faire à leur place. Il faut que chacun apprenne à lire et à écrire pour faire évoluer la société. Beaucoup de politiques gouvernementales envoient le message suivant : « Pour la santé, ne vous en faites pas. Quand ça ne va pas, allez voir le médecin (le scribe) qui va arranger tout ça... » Un système comme celui-là mène à l'échec et bientôt nous n'aurons plus les moyens de le financer. Nous ne pouvons pas rester des analphabètes dans le domaine de la santé. Il faut apprendre et gérer par nous-mêmes ce qui nous permet d'augmenter notre capital de santé ; il faut cesser de le dilapider.

La médecine traditionnelle tibétaine, elle, travaille à la recherche d'un équilibre global plutôt que sur des éléments particuliers. La cancérologie moderne occidentale, par exemple, offre des thérapies ciblées, c'est-à-dire composées de molécules qui vont intervenir directement au niveau d'un mécanisme moléculaire précis et unique, au centre d'un type de cellules particulières. La médecine orientale préconise plutôt des interventions qui cherchent à rétablir un ensemble de relations. La pratique de la méditation, par exemple, ne cible rien du tout. Cette médecine facilite une sorte d'équilibre entre toutes les fonctions du corps, une cohérence qui découle surtout de ce qui se passe dans l'esprit. En tentant de créer de l'harmonie dans l'esprit, on croit créer une harmonie entre les multiples fonctions du corps.

L'alimentation

Dans la recherche de cette harmonie, la nutrition apparaît comme un mécanisme extrêmement complexe. Déjà chaque aliment en lui-même a des centaines, voire des milliers de composés phytochimiques qui, lorsqu'ils sont assimilés, digérés, diffusés au sein du corps, viennent interagir avec toutes les cellules. Chaque aliment a donc une action sur tous les mécanismes biochimiques, moléculaires. Mais personne ne se nourrit d'un seul produit. À chaque repas, nous consommons des quantités de substances qui interagissent les unes avec les autres. Et puis, il y a trois repas par jour, au cours desquels nous mangeons des mets très différents. Donc tous les jours, trois fois par jour, se produit un phénomène qui ressemble à une pièce exécutée au piano. Nous jouons sur le clavier d'un piano moléculaire très complexe, avec des quantités de notes et de mélodies. Mais il n'y a pas que le piano, tout l'orchestre entre dans le jeu. Et cet ensemble vient composer la symphonie moléculaire. C'est l'inverse d'une thérapie ciblée. La nutrition est donc une façon très globale, très holistique d'aborder le fonctionnement du corps. Les sociétés occidentales vont devoir prendre en compte l'alimentation. Elles y arrivent par le biais des problèmes plutôt que par le biais des solutions. La médecine occidentale s'intéresse à l'alimentation moins comme source de santé que comme source de maladies. Et elle va devoir s'attaquer au problème.

Depuis les années 1940, les populations occidentales ont considérablement augmenté leur consommation de sucre et de farines blanches, qui sont des équivalents du sucre. Quand on absorbe des farines blanches, ce qui se produit dans l'organisme ressemble à ce qui suit la consommation du sucre : le glucose atteint un pic dans le sang, ce qui déclenche une libération massive d'insuline et d'un facteur qui s'appelle l'IGF-1. Ce facteur stimule la croissance de toutes les cellules, surtout les cellules du gras, les cellules adipeuses, mais aussi des cellules cancéreuses. Or, le sucre nourrit la croissance du cancer. En même temps, on a fait quelque chose d'encore plus vicieux, on a changé la façon d'utiliser le levain dans le pain. Le pain fabriqué avec du levain traditionnel augmente moins le taux de sucre dans le sang que celui fabriqué avec de la levure chimique. Depuis la Deuxième Guerre mondiale, le pain est fait avec de la levure chimique...

L'une des transformations les plus graves pour l'alimentation occidentale a été d'industrialiser la production des animaux qui nous nourrissent : bœufs, vaches, porcs, poulets et œufs. Les grandes fermes ont cessé de nourrir ces animaux avec leurs aliments naturels et cela, avec des conséquences catastrophiques. Les vaches ne mangent plus d'herbe, mais sont nourries au soja ou au maïs. Du coup, les oméga 3 ont disparu de leur alimentation au profit des oméga 6. Ce qui entraîne le même déséquilibre dans les produits d'origine animale que nous consommons. La présence d'une plus grande quantité d'oméga 6 dans notre alimentation entraîne de l'inflammation, avec toutes les maladies qui y sont reliées : arthrite, cancer, maladie d'Alzheimer, etc.

On commence à comprendre qu'il faut nourrir les animaux autrement. De grandes fermes s'y consacrent désormais. Nourrir les animaux d'élevage avec du soja et du maïs reste plus facile, mais en ajoutant à leur nourriture 5 % de graines de lin, on rééquilibre les produits que nous consommons : viande, lait, beurre, fromage, œufs. Les graines de lin sont l'une des sources d'oméga 3 les plus végétales, les plus riches qui existent. Les consommateurs retrouvent donc des aliments sains, comme ils les connaissaient avant la Deuxième Guerre mondiale. Voilà ce que je trouve passionnant ! Quand nos grands-mères nous disaient de manger des œufs, que c'était bon pour la santé, c'était vrai dans leur système de valeurs. Jusqu'à la Deuxième Guerre mondiale, les œufs étaient de bons aliments pour la santé. Mais dans les années 1980, ils sont devenus des aliments toxiques.

L'activité physique

On constate une diminution de l'activité physique, dans la population occidentale, depuis les années 1940. Pourtant, les recherches démontrent que l'activité physique augmente les chances de guérison chez les malades du cancer et prévient les rechutes. Si elles font trente minutes de marche cinq fois par semaine, les femmes qui ont eu un cancer du sein voient le risque de rechute réduit de moitié. C'est un bénéfice considérable. Le médicament le plus efficace, l'herceptine, n'a d'effets que sur certains types de cancers et pour ceux-là, il ne réduit que de moitié les risques de rechute. La marche a donc autant d'effet que le meilleur médicament…

Comment cela est-il possible? On sait que l'exercice physique entraîne plusieurs conséquences : l'activation du système immunitaire, par exemple. Les habitués de l'exercice physique ont un système immunitaire qui devient plus résistant au stress. On l'a constaté chez des personnes à qui l'on devait annoncer une séropositivité, dans des expériences soigneusement contrôlées, randomisées, à l'Université de Los Angeles. L'expérience touchait deux groupes d'hommes : ceux qui allaient faire le test du SIDA, après avoir fait de l'exercice pendant un mois et ceux qui n'en avaient pas fait. Quand ils apprenaient qu'ils étaient séropositifs, ceux qui n'avaient pas fait d'exercice voyaient leur système immunitaire s'effondrer. Chez les autres qui s'étaient entraînés, on ne trouvait pas cet effondrement. L'activité physique renforce donc le système immunitaire qui, lui-même, joue un rôle important dans la prévention du cancer ou dans la prévention de la rechute.

L'exercice physique permet aussi de réduire la montée de glucose dans le sang. À partir du moment où l'on développe la masse musculaire, le sucre consommé se diffuse dans les muscles plutôt que dans le sang. Il cesse de stimuler la synthèse des hormones néfastes comme l'insuline et l'IGF. Les habitués de l'exercice physique ont moins de pic d'insuline et d'IGF, donc moins de stimulation de croissance des cellules et moins d'inflammation.

De plus, on sait que le principal lieu de stockage des produits carcinogènes ou cancérigènes dans le corps, c'est le tissu adipeux, la graisse. Les carcinogènes sont en permanence en train de se diffuser à partir de la masse graisseuse vers le reste du corps et de stimuler la croissance des cellules cancéreuses, voire d'induire un cancer qui n'existait pas. Quand on fait suffisamment d'activité physique et qu'on élimine évidemment une grande partie des masses graisseuses superflues, on se débarrasse de ces stocks de produits toxiques qui nous accompagnent partout, au sein de notre propre masse graisseuse.

On commence donc à comprendre le processus par lequel l'activité physique agit sur la santé.

L'homéophathie

J'ai toujours gardé mes distances avec l'homéopathie, dans mon travail et dans mes écrits. Ce qui ne m'empêche pas de l'utiliser pour moi-même, de temps en temps. Certains remèdes homéopathiques semblent vraiment produire des effets, faire une différence. Mais l'homéopathie reste très mystérieuse. On ne comprend rien aux mécanismes biologiques par lesquels elle pourrait agir. Mais cela ne veut pas dire qu'elle ne soit pas efficace et, de toute évidence, elle fait du bien à beaucoup de gens. Ce dont on est absolument sûr, et j'y attache beaucoup d'importance, c'est que l'homéopathie ne fait aucun mal. Et c'est très important.

En France, dans toutes les pharmacies, on peut y trouver des remèdes homéopathiques et plusieurs sont remboursés par la sécurité sociale. Il y a quelques années, un rapport de l'Académie de médecine a recommandé de cesser le remboursement de ce type des remèdes, sous prétexte qu'il n'y avait pas d'évidences scientifiques démontrant leur supériorité par rapport à un placebo. Cela me paraît idiot. Imaginons que l'homéopathie ne soit qu'un placebo, c'est-à-dire l'équivalent d'un granule de sucre dans lequel il n'y a rien. C'est possible et plusieurs chercheurs le pensent. Ce qui est sûr, cependant, c'est que cette thérapeutique ne fait aucun mal. Les gens qui prennent ce remède homéopathique prendraient autre chose, si celui-ci n'était pas à leur disposition. Et ce qu'ils prendraient aurait forcément des effets secondaires, puisque ce serait une molécule chimique active. Celle-ci serait peut-être plus efficace qu'un placebo, mais il vaut mieux soigner un rhume avec un remède homéopathique, qui ne fait aucun mal et qui, pour certains, a des effets. Et même si ce n'était qu'un placebo, comme l'affirment certains, les placebos donnent des résultats !

D'ailleurs, il y a des preuves de l'efficacité du placebo. Un article du *New England Journal of Medicine* rapportait que certaines interventions chirurgicales n'étaient rien d'autre qu'un placebo. Elles obtenaient pourtant 80 % de succès ! Une intervention arthroscopique pour l'arthrite du genou, par exemple, qui avait des succès considérables, était un placebo ! Un placebo avec des résultats exceptionnels. Eh bien, je préfère des résultats exceptionnels avec un remède homéopathique, qui ne sera d'aucun danger, plutôt qu'avec une intervention chirurgicale qui, d'abord, coûtera cher et qui pourra avoir des conséquences très négatives. Il ne me semble pas très intelligent de la part d'un gouvernement d'empêcher les gens d'avoir recours à l'homéopathie. Après tout, les seules personnes qui soient en mesure de décider si quelque chose leur est utile ou non, ce sont les utilisateurs !

Cela ne veut pas dire que l'homéopathie soit scientifiquement valide, je n'en ai aucune preuve. Mais ce qui m'intéresse en médecine, c'est toujours ce qui marche. Il est beaucoup moins

important de connaître le mécanisme que de savoir si effectivement les symptômes se dissipent et la maladie disparaît, si les
gens se sentent mieux et retrouvent leur équilibre et leur santé…
Voilà ce qu'il faut regarder : est-ce que cela fonctionne? Si le médicament n'est pas cher, qu'il n'a pas d'effets secondaires et qu'il
donne des résultats, ce serait fou de s'en passer !

L'effet placebo

Je m'intéresse à l'effet placebo parce que nous sommes là en présence d'un phénomène de guérison du corps par l'esprit. Beaucoup de recherches très sérieuses existent sur le sujet et l'on voit
paraître sans cesse de nouveaux articles.

L'effet placebo est tellement puissant qu'il cause des maux
de tête aux chercheurs qui doivent prouver que leurs remèdes
sont supérieurs au placebo. Le seul fait qu'ils aient à prouver la
supériorité de leurs médicaments est la preuve absolue de l'efficacité du placebo.

Bien sûr, le placebo n'est pas guérisseur dans tous les cas.
Son effet est plus visible dans les problèmes de douleur et d'anxiété
que dans les cas de taux de cholestérol élevé, par exemple. Mais
même pour faire baisser le cholestérol, il y a un effet placebo, ce
qui est assez incroyable, d'ailleurs.

Des recherches très sérieuses viennent démontrer que le
cerveau a un rôle considérable à jouer sur ce qui se passe dans la
physiologie. Si on savait activer le cerveau de façon systématique,
il ne serait plus question de placebo, mais… de traitement.

En fait, ce qui fonctionne avec l'effet placebo, c'est la relation. Le cerveau de la personne qui reçoit le traitement se sent
soigné, il apprécie que l'on s'intéresse à lui. Voici un exemple ty-
pique : une équipe voulait mesurer le taux de cholestérol des

lapins. Cette espèce était reconnue pour avoir des gènes qui donnaient un taux de cholestérol très élevé. Ils étaient enfermés dans des cages empilées les unes sur les autres, dans le laboratoire. Or, les chercheurs ont eu la surprise de constater que les lapins qui occupaient les cages du bas semblaient avoir des taux de cholestérol beaucoup moins élevés que les lapins des cages du haut. Pourquoi? Tous les lapins possédaient les mêmes gènes, ils avaient la même nourriture, un régime hypercholestérolimique, ils auraient donc dû avoir le même niveau élevé de cholestérol. On a finalement découvert que la personne qui venait nourrir les lapins tous les jours prenait dans ses bras les lapins des cages du bas, les caressait un peu au moment de leur donner à manger. Elle ne pouvait tout simplement pas attraper les lapins du haut, donc elle ne les touchait pas. Le simple fait d'être caressé faisait baisser le taux de cholestérol des lapins du bas. Voilà l'effet placebo et cela fonctionne même chez les animaux.

À partir du moment où un malade est soigné, où il devient l'objet de préoccupations affectueuses et attentionnées de la part d'une personne en position d'autorité, quelque chose se calme à l'intérieur de sa physiologie. Une fois qu'il est calmé, le corps arrive à reprendre le dessus sur un ensemble de paramètres biologiques, y compris, dans certains cas, le cholestérol.

Mais personne ne peut gagner de l'argent avec l'effet placebo, parce que l'on ne peut pas breveter la personne qui vient nourrir les lapins. On ne peut pas breveter la relation affective, ni l'amour ni l'attention. Il n'y a pas d'argent à gagner avec cette attitude toute simple.

Des thérapies nouvelles

Les mouvements des yeux

L'EMDR ou *Eye Movement Desensitization and Reprocessing* m'a définitivement plongé dans une approche différente de la médecine. Voilà une technique devant laquelle il n'y avait aucune raison d'être confiant d'emblée. Son mode de fonctionnement n'est pas encore tout à fait compris, mais ses effets sont tellement impressionnants qu'il faut être fou pour prétendre qu'il n'y a rien là. Je n'ai jamais vu quelque chose d'aussi efficace en psychiatrie, y compris les électrochocs. On voit des malades qui sont transformés en une seule séance. Même en médecine traditionnelle, il y a très peu de moyens aussi efficaces. Les antibiotiques mettent deux, trois, cinq jours avant de donner des effets aussi concluants. L'EMDR m'a définitivement converti au fait qu'il y avait des méthodes thérapeutiques que l'on ne comprenait pas, dont on ne connaissait pas bien les mécanismes et qui pouvaient avoir une efficacité absolument remarquable.

C'est une technique pour soigner les souvenirs traumatiques qui sont imprimés dans le cerveau et qui continuent de se manifester dans la réalité de tous les jours. Prenons le cas d'un souvenir comme le viol. Qu'est-ce qui se passe après? Eh bien, pour les femmes, il devient très difficile d'avoir des relations normales avec des hommes. Parce que tout ce qui se passe, dans l'intimité physique, avec des hommes qu'elles désirent, qu'elles aiment pourtant, peut leur rappeler des aspects de la scène de viol. Comme le souvenir traumatique est imprimé dans le cerveau, il continue de contrôler leur comportement. Même si elles ne le veulent pas. Quand un geste, une attitude, un éclairage vient leur rappeler l'événement, le corps se tend, le cœur se met à battre plus vite, elles éprouvent de la peur, même s'il n'y a plus de raisons, dans le présent, d'avoir peur. Le souvenir traumatique est capable de contrôler le comportement et les émotions dans le présent, alors qu'il ne fait que réagir à un événement passé, terminé. Il a creusé un sillon dans le cerveau et quoi que la personne fasse, elle se retrouve dans le sillon.

C'est la même chose pour les soldats qui ont servi à l'étranger, on le voit maintenant avec les soldats canadiens qui reviennent d'Afghanistan. Ils sont traumatisés. Dès qu'ils entendent un bruit derrière eux, ils cherchent leur fusil mitrailleur pour répondre. Ce n'est pas le cas au Canada, mais aux États-Unis, on le sait, tout le monde a accès aux armes à feu. Un grand article dans le *New York Times*, il y a quelque temps, répertoriait tous les meurtres qui ont été commis par des soldats rentrés d'Irak. Certains sont tellement traumatisés qu'au moindre incident ils prennent leur fusil et tirent sur tout ce qui bouge. On ne peut même pas leur en vouloir… C'est devenu un réflexe. Ils tombent dans le fameux sillon traumatique qui a été creusé.

Comme nous avons tous vécu des événements douloureux dans notre vie, une rupture amoureuse par exemple, nous pouvons très bien comprendre ce phénomène. Une chanson vient nous rappeler notre souffrance ; certains lieux, certaines saisons sont insupportables encore longtemps après. Dans ces moments-là, les émotions remontent à la surface. Elles correspondent à la rupture qui a peut-être eu lieu dix ans auparavant ! Mais elles continuent d'être présentes dans notre vie actuelle, nous retombons dans le sillon. Impossible d'y échapper.

On sait maintenant que le cerveau est capable de réorganiser ces souvenirs et ces expériences douloureuses et cela, en particulier pendant la nuit, pendant la période de sommeil paradoxal. Le phénomène est parfaitement démontré et compris. Pendant cette période, nous bougeons les yeux rapidement de droite à gauche, derrière les paupières closes. Francine Shapiro, une psychologue douée d'un certain génie, qui vit en Californie, a découvert, à la fin des années 1980, une application pratique de ce phénomène : si l'on prend des gens qui ont un sillon traumatique, comme ceux dont nous venons de parler, soit à cause d'un viol, soit du fait d'avoir vu leur meilleur ami mourir en Afghanistan, et que l'on évoque avec eux ce souvenir, ils peuvent abandonner leur sillon traumatique. Si on les aide à retrouver les images, les odeurs, les sensations dans leur corps et les émotions qui y sont liées, et qu'en même temps, on leur demande de bouger les yeux de droite à gauche rapidement, comme ils le feraient pendant les rêves, et qu'on laisse venir ce qui se fait normalement tout seul, le souvenir est résolu. Il se décompose progressivement. Bien sûr, les personnes se souviendront toujours de ce qui s'est passé, mais la charge émotionnelle qui accompagnait l'événement se dissipe.

Et cela, parfois, très rapidement. En une séance souvent, je peux le montrer à partir de plusieurs vidéos. Bien sûr, en une séance, on ne guérit pas de tout, parce que souvent les souvenirs se sont accumulés. Les vétérans des guerres n'ont pas vécu qu'une situation traumatisante. Mais pour un souvenir, il suffit souvent d'une séance.

Pour l'instant, la technique n'est pas encore enseignée dans les grandes écoles et les universités. Je me bats pour cela, depuis dix ans maintenant. Elle devrait faire partie du *cursus* des psychiatres et des psychologues. Les symptômes post-traumatiques sont tellement courants, il faudrait pouvoir aider le maximum de personnes traumatisées. Je travaille à faire connaître cette méthode un peu partout : je l'enseigne en France, mais aussi à l'Université de Pittsburg, dans le département de psychiatrie. C'est l'un des départements de psychiatrie les plus influents des États-Unis. J'espère qu'à partir de là, l'EMDR va se répandre dans d'autres facultés et universités.

La cohérence cardiaque

Une autre technique me semble s'enraciner très profondément dans des notions de médecine chinoise qui existent depuis cinq mille ans. Toute la médecine chinoise parle de l'équilibre entre le yin et le yang et du contrôle du *chi*, cette énergie qui se diffuse à travers tout l'organisme et qui vient nourrir les différents organes, les fonctions viscérales, etc. Je crois que la cohérence cardiaque n'est rien d'autre que la compréhension moderne de l'ancienne façon d'utiliser ses énergies profondes. Et cela, on peut maintenant le visualiser. On peut découvrir sa propre cohérence cardiaque et la façon de l'influencer, soit pour la détériorer, soit pour la construire. Pour les esprits modernes et rationnels, comme le mien, il est plus satisfaisant de pouvoir le vérifier que de s'en remettre à des croyances sur l'équilibre entre le yin et le yang impalpables.

De quoi s'agit-il au fond ? Il s'agit en fait de ce que toute la médecine scientifique moderne sait depuis plus de cent ans : nous avons deux systèmes nerveux qui contrôlent les fonctions autonomes du corps. Nous n'avons pas de pouvoir sur certaines fonctions, par exemple, nous ne pouvons pas décider, par exemple, de faire battre le cœur plus vite ou plus lentement, de faire monter ou descendre la tension artérielle, d'accélérer ou de ralentir les contractions du colon ou de la digestion. Ces fonctions sont contrôlées par le système nerveux. Ce système nerveux, on l'appelle « autonome », justement parce qu'on ne le contrôle pas. Il a deux branches : l'une que l'on appelle « sympathique », qui utilise l'adrénaline pour accélérer le rythme cardiaque, faire monter la tension artérielle, préparer l'organisme au combat et à la fuite ; une autre que l'on appelle « parasympathique ». Celle-ci utilise l'acétylcholine et fait l'inverse de la première : elle ralentit le rythme cardiaque, fait baisser la tension artérielle, facilite la digestion, prépare l'organisme en fonction de la restauration et de la récupération d'énergie. Les deux branches sont actives en permanence et fonctionnent comme un frein et un accélérateur. L'on ne peut pas conduire une voiture sans frein et sans accélérateur! Le corps se conduit comme une voiture, il doit s'adapter constamment à ce qui arrive, en donnant des petits coups de frein et d'accélérateur. Quand tout se passe bien et dans les états de sérénité ou de joie, le frein et l'accélérateur alternent. Le rythme cardiaque accélère, accélère, accélère et tout d'un coup, il ralentit, ralentit.

En fait, le battement du cœur trouve un rythme qui ressemble à celui des vagues de la mer. Or, il se trouve que ce rythme est celui qui restaure le mieux l'organisme, celui qui facilite l'harmonie des fonctions. Le rythme respiratoire s'aligne sur le rythme cardiaque, qui s'aligne sur celui de la pression artérielle, qui s'aligne sur celui de la vélocité du sang dans l'artère carotide vers le cerveau. Les différentes fonctions du corps se mettent en harmonie, comme dans un océan qui vit au rythme des vagues qui viennent échouer sur la plage. Cet état est particulièrement restaurateur. De façon étonnante, ce rythme semble restaurer au mieux les grandes fonctions du corps et être la plus compatible avec ce que l'on appelle la bonne santé.

On a maintenant plusieurs études qui démontrent que plus les gens restent dans ce mouvement, plus ils sont en bonne santé : ils attrapent moins de rhumes, ils ont moins de maladies cardiaques, ils ont moins de cancers. Mais plus la capacité d'entrer dans cette harmonie est abîmée, plus on verra apparaître à long terme des problèmes de santé importants : des maladies cardiaques, des cancers, des infections et la mort, quelle qu'en soit la cause. Le terreau avait été préparé dix ou vingt ans auparavant !

L'équilibre entre le yin et le yang des Chinois se retrouve peut-être dans ce système sympathique adrénergique et ce système parasympathique. Dans cet équilibre résidait ce qui à leurs yeux était le plus favorable à la santé. Bien sûr, il ne s'agit pas de posséder toutes les caractéristiques de l'un et de l'autre. Certaines personnes sont plus yang, elles ont plus de dispositions pour le combat et la fuite, pour l'activité. D'autres sont plus yin, elles sont dans l'énergie de la restauration, de la digestion, plutôt que dans la super activité.

Aujourd'hui, nous nous approchons d'une compréhension de cet équilibre, à travers des notions qui correspondent à des caractéristiques que l'on retrouve dans la physiologie occidentale. Et nous savons que nous pouvons apprendre à n'importe qui à passer plus de temps dans cet état d'harmonie physiologique. Cette harmonie passe par le contrôle de la respiration et de la concentration, comme l'enseigne depuis longtemps la médecine chinoise. Il y a cinq mille ans déjà, en Chine, on développait les techniques de la méditation et le *chigong* qui contrôle la concentration et la respiration et qui probablement induisait déjà ces états. En acupuncture, quand on mesure, par exemple, cet état de cohérence cardiaque chez quelqu'un qui fait une séance, on voit qu'il s'améliore. L'acupuncture contribue directement à cet état d'équilibre, de même que la méditation, l'exposition à la lumière du soleil, tous les états de joie, de sérénité et de calme. L'exercice physique aussi y contribue, ainsi qu'une alimentation riche en oméga 3.

En tant que médecin, j'ai trouvé passionnant de découvrir que tout ce qui se révélait intéressant et utile, dans une approche alternative de la médecine, pouvait améliorer la cohérence cardiaque. C'est un concept central de la médecine traditionnelle chinoise, mais nous pouvons tous apprendre à améliorer notre cohérence cardiaque.

Comment ? En utilisant une minuterie, par exemple. Il faut apprendre à faire dix-huit respirations en trois minutes, six par minute. En pratique, l'expiration prend toujours un peu plus de temps que l'inspiration, mais il n'est pas nécessaire d'en tenir compte. Les mantras bouddhistes, comme « *Om mani pade hum* », lorsqu'ils sont récités de façon traditionnelle, induisent un rythme respiratoire de six respirations par minute. L'*Ave Maria* en latin, tel qu'on le récite encore dans certaines églises en Italie, induit un rythme respiratoire de six respirations par minute. C'est donc une chose toute naturelle, qui se pratique un peu partout et depuis longtemps.

L'acupuncture

L'acupuncture est efficace dans certains cas, mais pas tous. Les études démontrent qu'il y a dans l'acupuncture un effet placebo. C'est très agréable de recevoir les soins d'une personne qui passe du temps avec vous, qui s'occupe de vous, qui vous demande comment vous vous sentez, quels sont vos symptômes, à quels moments ils s'expriment, etc. Ensuite, l'acupuncteur cherche des points qui correspondent à ce que vous avez dit. Il va placer son aiguille juste à cet endroit de votre corps. Tout cela est bien agréable, on se sent complètement pris en charge, soigné avec beaucoup d'attention. Et cela donne des résultats, quel que soit l'endroit où sera placée l'aiguille.

Il y a donc un effet placebo indéniable dans l'acupuncture, mais il n'y a pas que cela. Différentes études, celle de Harvard en particulier et une autre de l'Université de Irvine, en Californie, démontrent que les différents points d'acupuncture viennent activer ou désactiver des régions spécifiques du cerveau qui correspondent à des fonctions importantes du corps. Par exemple, ce

point entre le pouce et l'index qui est l'un des points les plus uti-
lisés en acupuncture et dont on sait depuis cinq mille ans qu'il
aide à contrôler la douleur, il inhibe, il désactive une région spé-
cifique du transfert de l'information sur la douleur dans le cerveau. On peut le voir maintenant grâce à l'imagerie
cérébrale-fonctionnelle. Il n'y a donc pas qu'un effet placebo
dans l'acupuncture.

On ne comprend pas très bien encore comment fonctionne
l'acupuncture. Mais quand on la pratique sur quelqu'un placé
dans un scanner d'imagerie cérébrale, il est fascinant de constater qu'elle vient jouer sur différentes régions du cerveau, comme
un pianiste sur son clavier.

Une autre façon de voir

Quand on regarde la médecine chinoise, on se rend compte qu'il
n'y a pas vraiment là une autre vision de la science, mais une
autre façon de concevoir les équilibres dans l'organisme. Ces médecins ont une vision énergétique du corps que nous n'avons pas.
Et je crois qu'il y a là un élément de vérité parce que, de toute évidence, la santé, ce n'est pas l'activité du cœur, ni l'activité du
foie, ni l'activité de l'intestin ou de la thyroïde ou des surrénales,
mais l'interaction harmonieuse entre tous ces éléments. Donc la
santé est supra-organique, elle est une harmonie de relations. La
médecine chinoise l'a compris depuis longtemps. La bonne santé
est un système complexe, on ne peut pas la réduire au fonctionnement de l'une de ses parties. Le Centre médical de l'Université
de Pittsburg avait payé une page de publicité dans le journal, où
l'on voyait toutes sortes d'organes différents : un rein, un cerveau, un foie, un poumon… Et c'était écrit : « Chez nous, nous
avons un spécialiste pour chacune de ces pièces. » Comme si on

parlait des pièces d'une voiture ! « Nous avons un spécialiste pour chacune de ces pièces », c'était censé attirer les gens… Cette publicité correspond vraiment au modèle de la santé de certains médecins et patients qui veulent se voir comme une voiture, dans laquelle on peut remplacer les pièces défectueuses. Cette vision peut sembler très rassurante puisque l'on peut réparer les voitures ! Donc, on doit pouvoir remplacer un foie qui marche mal, un cœur qui a des failles, etc. C'est exactement le contraire de la conception de la médecine asiatique. Pour les médecins chinois, guérir c'est retrouver l'harmonie des interactions entre tous les organes. Un organe à lui tout seul ne suffit pas à donner la bonne santé. La science médicale occidentale va devoir trouver cette dimension systémique, prendre en compte tout un système complexe pour faire avancer notre vision de la santé. Parce que c'est évidemment la réalité.

La spiritualité

J'ai un ami que j'aime beaucoup et qui a créé les premiers centres d'accompagnement et de soins par des méthodes naturelles de patients atteints d'un cancer, dans les années 1970. À l'époque, c'était très osé de faire du yoga avec des malades atteints de cancer. À la suite d'un infarctus, il y a quelques années, il a décidé de prendre le temps de s'occuper de lui-même, ce qu'il n'avait pas fait depuis des années. Il a commencé à pratiquer le yoga et la méditation, et à soigner son alimentation. Il m'a dit quelque chose qui m'a beaucoup touché et qui, je crois, est profondément vrai : « David, tu ne peux pas savoir, quand on y va vraiment à fond, à quel point ça ouvre sur le domaine du spirituel. » Ce n'était pas son intention. Il n'a pas commencé à prier, à aller à l'église ou dans un *ashram*, il a seulement voulu s'occuper de son corps. Il est allé à l'intérieur de son corps! Et ce qu'il y a découvert, c'est son *ashram* intérieur. La spiritualité était là. Elle est dans notre corps.

On peut se demander : est-ce de la spiritualité ou de la médecine? En fait, la distinction s'efface. Lorsque l'on entre en profondeur à l'intérieur de son corps, du soin de soi, du respect de cette petite flamme de vie qui nous anime tous les jours et qui nous anime depuis de nombreuses années, on y découvre un sentiment d'appartenance à l'Univers qui est de l'ordre du spirituel. Ce sentiment nous ouvre aux autres, nous ouvre à la vie, nous donne une confiance et un élan que nous ne savions pas que nous avions. Il n'y a rien de plus spirituel que cela. Et l'on y arrive sans Bible, sans Coran, sans Upanishade… Sans religion.

Je crois que la meilleure façon de guérir, c'est de nourrir la vie à l'intérieur de soi. Il y a là moins une dimension de combat qu'une dimension d'affection, de tendresse, de *care giving*. Prendre soin et nourrir, soigner la vie en soi, voilà le chemin de la guérison.

Je vais vous dire un grand secret que les Québécois se cachent à eux-mêmes : moi qui vis en France, quand je viens au Québec, je sens la spiritualité qui jaillit dans la culture, dans la vie de chacun ici, et qui pulse bien plus fortement qu'en France. Alors je crois que vous vous cachez à vous-mêmes que vous êtes des êtres très spirituels. Vous avez subi un tel traumatisme à cause de la chape de plomb qui vous a été imposée par la religion institutionnelle, pendant des années, que vous rejetez activement la religion, mais vous n'avez pas rejeté la spiritualité et heureusement pour vous.

Cette spiritualité se manifeste dans l'ouverture aux autres, dans le respect et la passion pour la nature, dans cet intérêt constant pour la flamme de la vie que je retrouve dans le regard pétillant de tant de Québécois. Pour moi, c'est cela, la spiritualité, bien plus que de se prosterner devant des icônes.

Les relations

Nous sommes devenus très individualistes et nous en payons le prix. Depuis la Deuxième Guerre mondiale, le tissu social s'est très largement décomposé. Le réseau social de chacun s'est réduit de façon dramatique. Bien sûr, nous sommes en contact avec beaucoup de gens par l'Internet, le téléphone cellulaire, mais le réseau affectif fort, celui qui nous soutient dans les moments très douloureux, s'est amenuisé. On déménage beaucoup trop souvent, on ne vit plus près de ses parents, de ses cousins, de ses frères et sœurs. Cette dispersion n'existait pas avant la Deuxième Guerre mondiale et elle a des conséquences sur notre capacité de faire face au stress.

Le premier régulateur du système limbique, c'est la relation humaine. Le système limbique est cette partie du cerveau que j'appelle le cerveau émotionnel. Nous partageons ce cerveau avec tous les mammifères et, pour certaines régions, même avec les reptiles. Il contrôle toutes les fonctions biologiques du corps puisque c'est lui qui contrôle la synthèse et la libération de toutes les hormones ainsi que le système nerveux autonome dont je parlais tout à l'heure. Il fait battre le cœur, monter ou descendre la tension artérielle, il active la digestion, etc. Ce cerveau émotionnel, que nous essayons désespérément d'apaiser avec nos médicaments, avec nos antidépresseurs, avec nos anxiolytiques, est pourtant fortement influencé par la relation affective avec une autre personne. Il n'y a qu'à voir l'état dans lequel on se met quand on est plaqué par son ou sa petite amie, ou quand on s'entend mal avec ses enfants ou avec ses parents. Ça va mal ! Aucun médicament ne vous rendra aussi mal, d'ailleurs. Donc, si on le voit pour ce qui va mal, c'est vrai aussi pour ce qui va bien. Le principal régulateur de l'activité du système limbique et du cerveau émotionnel, c'est la relation affective.

C'est un besoin biologique fondamental, on le comprend quand on regarde ce qui se passe chez les singes. Vous savez que nous avons 99,7 % de gènes en commun avec les chimpanzés, par exemple. Il faut croire que les 0,3 % font une grosse différence ! Les singes rhésus, qui sont les plus étudiés, vivent en groupe. Au moment de l'adolescence, les mâles sont exclus du groupe et ils doivent se débrouiller pour passer un certain temps dans la nature, généralement deux ou trois mois, en survivant par eux-mêmes, avant de se joindre à un autre groupe. C'est l'une de leur façon d'éviter la consanguinité. Pendant les trois mois où le mâle adolescent est tout seul et ne fait plus partie d'aucun groupe, 50 % meurent. À la roulette russe, on a une chance sur six ; pour eux, c'est une chance sur deux. C'est énorme ! Qu'est-ce que cela signifie, sinon que sans le soutien et l'affection qui nous sont donnés par le groupe social, dans certaines circonstances natu-relles, nous mourons ! C'est une question de vie ou de mort. Il y a donc dans notre cerveau quelque chose de très sensible à la pré-sence des autres. Il ne faut pas rester tout seul. En réalité, les re-lations affectives nous gardent accrochés à la vie.

Il est démontré que les femmes qui vivent des stress ma-jeurs, si elles ont un soutien affectif important, ont neuf fois moins de chances de développer un cancer du sein que celles qui vivent des stress majeurs sans le soutien affectif nécessaire. Pour donner un ordre de grandeur, disons qu'une personne qui fume a quinze fois plus de risques d'avoir un cancer du poumon. Tous les fumeurs n'ont pas un cancer du poumon et toutes les femmes qui sont seules avec un problème de stress n'auront pas un cancer du sein. Par rapport au cancer du poumon, le manque de soutien affectif est à peu près deux fois moins important que le fait de fumer. Mais ce manque reste important.

La médecine officielle a du mal à reconnaître ce rapport, pour une raison que je comprends d'ailleurs. La cancérologie académique et universitaire accepte difficilement l'idée que les émotions puissent jouer un rôle dans la progression d'un cancer. De leur point de vue, ce serait dire aux malades que, s'ils ont un cancer, c'est de leur faute! Je ne crois pas que ce soit de la faute du malade. Il n'est pas responsable de la dégradation du tissu social. Je ne me suis jamais senti coupable d'avoir eu un cancer ni d'avoir fait une rechute après sept ans. D'abord, je ne connaissais rien de ce que j'ai fini par apprendre pour essayer de limiter un peu la progression de la maladie. Personne ne m'avait enseigné quoi que ce soit sur la manière de prendre soin de moi-même. On m'avait appris plutôt à manger mal, à vivre mal, à parler mal, à être en relation d'une mauvaise façon. Le reste, je l'ai reçu de la télévision, de mes parents qui ne faisaient pas attention eux-mêmes et qui ne savaient pas.

Et puis des industriels se sont mis de la partie, ils ont introduit des produits chimiques dans l'environnement qui favorisent le développement du cancer. Mais eux-mêmes ne le savaient pas. Il n'y a donc pas de coupable. Ces personnes n'avaient pas l'intention de nuire. Seulement, l'histoire a mal tourné. Je comprends donc que l'on résiste à ce qui paraît une façon d'accabler ceux et celles qui sont déjà malades. Mais, en même temps, ce qui est scientifique est scientifique. Il y a des facteurs psychologiques, dont on comprend très bien les mécanismes, qui peuvent alimenter la progression d'un cancer et il ne faut pas se le cacher.

Le sentiment d'impuissance

Il arrive à tout le monde de connaître de mauvaises journées : on n'a pas trouvé de place pour se garer, on est arrivé en retard au travail, on s'est fait engueuler par le patron, on a dû courir pour aller chercher les enfants à l'école et, en rentrant à la maison, on trouve un mari grognon... Dans ces moments-là, on se dit : « Merde ! Je n'y arriverai jamais ! » Mais quand cet état persiste et que le sentiment d'impuissance fait vaciller la flamme de la vie elle-même, il faut savoir qu'il provoque des sécrétions de cortisone anormales, des sécrétions d'adrénaline anormales. Ces mécanismes-là viennent agir sur les cellules immunitaires pour les empêcher de faire leur travail de nettoyage de cellules cancéreuses. Ils leur font sécréter des kémokines et des cytokines qui alimentent l'inflammation et viennent nourrir la progression des tumeurs, etc. On connaît bien les mécanismes par lesquels le sentiment d'impuissance qui perdure peut venir alimenter la progression d'une tumeur cancéreuse. Il faut donc faire en sorte de sortir de l'impuissance ! C'est possible, j'y ai travaillé pendant des années, dans mon métier de psychiatre et de neuropsychiatre. Je continue d'ailleurs d'y travailler puisque les techniques que j'enseigne ont pour but d'aider ceux et celles qui en souffrent à sortir de l'impuissance.

Les femmes consultent des thérapeutes plus facilement que les hommes. Elles ont été d'ailleurs les premières à bénéficier de la psychanalyse. La cure psychanalytique est une façon formidable d'apprendre des choses sur soi, mais ne soigne pas grand-chose. Elle a été efficace à la fin du XIXe siècle et au début du XXe parce qu'à cette époque, il y avait peu de lieux où il était possible de se confier. Freud a permis à des femmes surtout de parler pendant des heures à quelqu'un qui n'était là que pour les écouter. Et alors, elles commençaient à se sentir mieux.

Aujourd'hui, c'est l'inverse, on se livre presque trop ! Il n'est pas rare de rencontrer des personnes que vous ne connaissiez pas avant et qui, après dix minutes, vous racontent tout sur leur vie : leur divorce, les difficultés avec leurs enfants, etc. Aller voir un psychanalyste n'a plus rien d'original, puisque tout le monde peut s'exprimer partout et face à n'importe qui. Mais il faut bien reconnaître que cette façon de se répandre n'est pas né-cessairement efficace.

Changer sa façon de vivre, faire sa révolution intérieure est un long travail. C'est l'histoire de toute une vie, une préoccupa-tion de chaque instant.

L'interaction corps-esprit

CHRISTOPHE ANDRÉ

Originaire de Toulouse en France, Christophe André est marié et père de 3 filles. Il est aussi médecin psychiatre dans le Service Hospitalo-Universitaire de l'hôpital Sainte-Anne, à Paris, au sein d'une unité spécialisée dans le traitement des troubles anxieux et phobiques. Également enseignant à l'Université Paris 10, il est l'auteur d'articles et ouvrages scientifiques, ainsi que de nombreux livres à destination du grand public.

La traversée des cycles

Depuis qu'elle existe, la médecine traverse des cycles. Ces temps-ci, après quelques décennies de médecine technicienne, elle tend à privilégier une vision globale de la santé, c'est-à-dire qui tienne compte de l'interaction corps-esprit dans la santé ou dans la maladie. Ce n'est pas nouveau, mais la médecine sort d'une phase au cours de laquelle la spécialisation avait quelque peu morcelé son regard sur la personne. Dorénavant, il y a peu de risques qu'on retourne en arrière parce que la recherche scientifique — qui ne cesse de progresser grâce aux technologies de pointe — valide abondamment cette approche globale de la santé. Que le corps et l'esprit aillent de pair, bien sûr, personne n'en a jamais douté. Il suffit d'observer des expériences courantes : dans le sens corps-esprit, un mal de dents change nos humeurs, et un accident modifie plus ou moins temporairement notre vision du monde. À l'inverse, dans le sens esprit-corps, quand tout va bien dans notre vie, notre système immunitaire tend à mieux résister aux agressions virales ou microbiennes. Cependant, ce qui est nouveau, c'est que ces intuitions sur la santé prennent maintenant le chemin de la démonstration scientifique qui, non seulement confirme le rapport indissociable entre le corps, le psychisme et le contexte social, mais permet également d'en découvrir certains mécanismes et de valider des traitements dont on se moquait plus ou moins auparavant. On peut carrément parler d'un bouleversement dans l'univers médical.

Dans le champ proprement psychiatrique, les recherches scientifiques confortent certaines de nos recommandations. Par exemple, si je veux convaincre un patient déprimé que l'exercice ou la méditation auront tels effets sur son fonctionnement cérébral, je peux dorénavant appuyer mon propos sur des études qui en montrent la preuve. Ce n'est pas un mince bénéfice.

La réceptivité, une attitude clinique essentielle

La recherche scientifique observe, compare et quantifie des données ou des résultats quand elle examine un phénomène. Pour ce faire, elle réduit le champ du réel, un peu comme le chirurgien s'aménage un champ opératoire. Si ses conclusions peuvent être validées, elles peuvent aussi bien être modifiées si l'on introduit d'autres variables dans le protocole d'une autre recherche destinée à les vérifier. Autrement dit, la méthode expérimentale accroît abondamment nos connaissances dans le domaine médical, mais elle n'en demeure pas moins réductionniste parce qu'elle ne peut pas tenir compte de tous les facteurs qui jouent dans une problématique. Dans la réalité, tout individu vient au monde muni d'un bagage génétique particulier, puis il évolue dans un ensemble de conditions psychosociales, culturelles et politiques qui l'influencent profondément, ce qui en fait une personne tout à fait unique et hautement complexe. Chaque personne porte en elle une histoire dans laquelle s'entremêlent une multitude d'expériences, de rencontres, de souvenirs conscients ou enfouis, de rêves, d'influences, d'émotions contradictoires, etc. La recherche a beau examiner une interaction entre deux ou trois facteurs, elle ne mettra jamais au jour tous les mécanismes qui jouent dans un symptôme psychiatrique ou, à l'inverse, dans un mieux-être inattendu. D'où la nécessité pour les soignants de rester ouverts, humbles, curieux, bienveillants et, surtout, à l'écoute des patients. Encore une fois, la méthode scientifique est devenue indispensable pour comprendre certains volets de la santé ou de la maladie, mais elle passe outre beaucoup de données auxquelles nous devons demeurer très attentifs. Par exemple, quand un patient relativement mal-en-point nous arrive un beau jour ragaillardi parce que, raconte-t-il, la lecture de tel livre a changé sa vision du monde, nous n'avons aucune raison de douter de son témoignage même si un tel résultat échappe à la loupe scientifique.

Jeune psychiatre, j'avais des attitudes que je juge aujourd'hui tout à fait condescendantes. Les patients me parlaient-ils d'une tisane ou d'un genre de gymnastique orientale particulièrement bienfaisantes, je pensais tout bas : « Bon, bon, venons-en aux choses sérieuses. » Aujourd'hui, j'écoute, je réfléchis et je me laisse interroger par la parole de l'autre devant moi. C'est plus fatiguant, moins sécurisant mais tellement plus riche de vérité. D'ailleurs, c'est un événement apparemment banal qui a provoqué chez moi ce virage. J'étais malade et je devais passer des examens dont les résultats éventuels me terrifiaient. Dans l'antichambre d'un grand hôpital, tout me paraissait horriblement froid. On s'occupait correctement de moi mais tout le monde semblait parfaitement indifférent à un éventuel diagnostic qui aurait pu me condamner. Voilà qu'une infirmière, sans doute particulièrement intuitive et compatissante, s'est approchée de moi, m'a parlé gentiment en me touchant le bras avec une infinie douceur. Alors, quelque chose d'étrange et de palpable a eu lieu : mes muscles se sont détendus, mes tripes se sont dénouées, une chaleur s'est répandue en moi. Ça ne se passait pas dans ma tête, mais dans mon corps. À ce moment-là, c'est précisément de cette aide dont j'avais besoin. Et si j'avais été sous monitorage, les capteurs auraient certainement indiqué que mes fonctions physiologiques étaient passées du rouge au vert. Ce genre d'expérience, pour peu que vous y réfléchissiez après coup, vous ouvre les yeux sur des réalités qui, auparavant, vous échappaient complètement. Depuis que j'ai les yeux ouverts donc, quand un patient m'annonce que telle expérience extra-médicale (un livre, une rencontre, un soin « non homologué ») l'a beaucoup aidé, je reste très attentif à son témoignage.

Néanmoins, il convient de rester prudent là aussi et de ne pas tout croire, ni ériger un témoignage en vérité absolue ou généralisable. Dans le domaine de la santé, beaucoup d'intuitions, de traditions culturelles, de remèdes de grand-mères méritent le respect mais il peut aussi bien arriver qu'à y regarder de plus près, on découvre dans l'un ou l'autre des effets délétères comme, d'ailleurs, il arrive que tel médicament dûment patenté soit déclaré néfaste à la lumière de nouvelles recherches. En somme, en pratique clinique, garder les yeux ouverts et l'esprit en alerte reste une attitude indispensable.

Le modèle biopsychosocial

En médecine traditionnelle, on a toujours perçu que les émotions ont un certain impact sur la santé mais sans pousser plus loin faute d'outils précis pour en mesurer l'importance. On mettait plutôt l'accent sur des facteurs génétiques ou autres à l'origine des maladies au détriment des facteurs d'ordre psychologique jugés mineurs. Aujourd'hui, la recherche scientifique tient compte des relations complexes entre différentes facettes d'un problème de santé physique ou mentale et elle observe dans l'expérience psychosociale des malades des facteurs aggravants et d'autres qui contribuent à la guérison. Parallèlement à l'ancien scepticisme de la médecine à l'égard de tout ce qui n'était pas physiologique, on a développé dans le champ de la psychiatrie et de la psychothérapie une tendance inverse qui perdure plus ou moins, selon laquelle tout symptôme physique prendrait souche dans un mal-être psychique. Par exemple, un problème d'estomac signale que vous n'avez pas « digéré » telle grosse peine, l'asthme signifie que vous avez été « étouffé » par vos proches…, bref, on va quelquefois jusqu'au délire. Mais pour peu qu'on soit au fait des recherches actuelles, il est difficile de tenir une position extrême d'un côté comme de l'autre. On pensera plutôt, à la lumière des études foisonnantes dans le domaine de la santé, que la maladie relève la plupart du temps de certaines fragilités déjà présentes dans l'organisme et que d'autres facteurs, en particulier des facteurs psychosociaux, ont pu s'y ajouter pour déclencher un dysfonctionnement ou une maladie. Pensons, par exemple, au stress, à la sédentarité ou au surpoids, qui ne créent pas la maladie cardiaque mais peuvent la déclencher ou l'aggraver chez une personne qui présentait déjà des dispositions génétiques à cet égard. De la même façon, une personne asthmatique qui se trouve en contact avec des polluants atmosphériques ou qui a peu de contrôle sur ses émotions sera davantage affectée qu'une autre qui déploie des tendances zen dans une atmosphère non polluée! Cette vision de la maladie correspond au modèle biopsychosocial qui analyse celle-ci en tenant compte à la fois des prédispositions physiologiques, des conditions psychologiques et des facteurs sociaux impliqués. Le vif intérêt de cette perspective, c'est qu'elle octroie au patient un sérieux pouvoir sur sa maladie ou sur sa santé. C'est tout le contraire du sentiment d'impuissance qui, lui, peut favoriser des perturbations immunologiques ou amplifier les tendances dépressives. Devenir actif à l'égard de la maladie a souvent des effets directs sur l'état physique et mental des patients. En tout cas, modifier son style de vie pour améliorer son état physique, c'est prendre un tout autre chemin que celui du malade qui se perçoit comme la victime d'un malheur ou comme en totale dépendance du corps médical. C'est ce que l'on nomme la « santé active » : devenir acteur de son bien-être et de ses efforts de guérison.

L'interdépendance humaine

L'un des grands facteurs de l'équilibre personnel — on peut parler aussi de bien-être subjectif ou encore d'aptitude au bonheur — tient évidemment dans la qualité de notre rapport aux autres. D'un certain point de vue, l'être humain est nul sur le plan biologique ! Dépourvu de griffes, de crocs, de carapace, de cornes, il n'aurait jamais survécu s'il ne s'était pas regroupé en bandes pour faire face aux agressions des prédateurs, ou chasser de grosses proies. Nous sommes également vulnérables sur le plan psychologique. Que serions-nous sans les soins d'une mère à notre naissance, puis les enseignements d'un père, les consolation des proches, les conseils de celui-ci, le soutien de celui-là ? Quelle valeur aurions-nous à nos propres yeux si nous n'apportions rien à qui que ce soit ?

Quand on reçoit un patient en psychiatrie, on sonde très rapidement ses ressources relationnelles, le soutien social dont il peut ou non bénéficier, ses aptitudes à communiquer : est-ce que la personne va facilement vers les autres ? a-t-elle la chance de pouvoir exprimer ses émotions ? est-elle capable de demander, de recevoir et de donner de l'aide ? Là encore, des études en psychologie positive confirment tout cela : par exemple, elles révèlent qu'un entraînement à la gratitude joue en faveur de la sérénité, d'un sentiment d'appartenance et du sens de la solidarité. Par exemple, avant de s'endormir le soir, notre équilibre mental peut se voir renforcé si l'on retrace une expérience si ténue soit-elle qui nous a donné quelque joie durant la journée :

un enfant qui nous a souri sur la rue, le câlin d'un proche, une ga-
lanterie dont on a été l'objet, une pièce musicale envoûtante, le
fait d'être bien au chaud dans son logement un soir d'hiver, la ré-
paration réussie d'une panne, etc. On prend un petit moment
pour reconnaître le plaisir, le service ou le bien que nous ont fait
un proche, un inconnu, un auteur, un ouvrier dans la journée.
Une tel exercice resserre nos liens avec les autres, contrecarre le
sentiment d'être seul au monde et ouvre à la solidarité indispensable de l'être social que nous sommes. On observe d'ailleurs que
les phobies sociales sont les troubles anxieux les plus destruc-
teurs parce qu'elles privent les personnes affligées des nourri-
tures relationnelles, les plus essentielles à l'âme humaine. Plus on
avance en âge et plus on comprend à quel point nous avons
besoin de l'amour des autres, au sens large : affection, sympathie,
estime, etc. C'est par exemple le thème du film de Sean Penn,
Into the wild, qui raconte le périple de John Krakauer dont l'op-
tion pour la communion solitaire avec la nature le conduit vers
l'Alaska, bien loin de l'univers matérialiste où lui semble stagner
sa famille. Sur sa route, il résiste à la tendresse des personnes ren-
contrées, un couple, une jeune fille, un vieux monsieur, et quand
il en prend conscience, il est trop tard : il est seul, malade, et il va
mourir comme un animal solitaire, sans tout cet amour qu'il a re-
poussé, pour l'accompagner à cet instant. Il est victime d'un
idéal naïf et orgueilleux : survivre seul n'est tout simplement pas
possible.

Prendre sa santé en charge

Si l'esprit agit sur le corps, l'inverse est aussi vrai. Une douleur in-
tense nous coupe jusqu'à un certain point du monde et des autres.
Les anciens médecins disaient qu'avoir une bonne santé, c'est

vivre dans le silence des organes. Tout le monde peut, en effet, observer à l'œil nu que manquer de sommeil ou d'exercice, consommer trop d'alcool, fumer trop de tabac altèrent sérieusement notre bien-être. Des études ont, par ailleurs, démontré que l'exercice physique agit à titre d'antidépresseur, mais, évidemment, il est plus facile d'avaler un cachet que de prendre une longue marche ou de se dépenser dans l'aérobic. La méditation dite « de pleine conscience », qui excelle à nous garder dans l'instant présent détient, elle aussi, des vertus puissamment curatives, du fait qu'elle contrecarre chez les personnes anxieuses la tendance à ruminer le passé ou à s'inquiéter de l'avenir. S'exercer à se tenir dans l'instant présent nous sert d'autant plus que le monde extérieur nous pousse à courir et à nous disperser du matin au soir. En fait, la méditation permet de déjouer l'excitation de notre esprit, de mieux percevoir les diverses facettes de la réalité, et sa profondeur, et son mystère, en prenant du recul et de mieux choisir sur quoi fixer notre attention. On peut en effet faire une longue marche sans même avoir jeté un œil sur le ciel ni observé le moindre brin d'herbe tellement on se trouve absorbé par tout ce qui s'agite dans notre cerveau. Toutefois, méditer demande de la pratique ; c'est un apprentissage dont on ne voit pas tout de suite les résultats et qui demande une certaine disponibilité intérieure bien qu'il ne s'agisse nullement d'épouser toute la métaphysique à l'origine de tel ou tel genre de pratique. Bien sûr, on ne suggère pas la méditation à des personnes en crise sur le plan psychologique. Elle convient plutôt, par exemple, aux personnes dépressives guettées par une rechute ou aux personnes affligées d'anxiété chronique. Mais en réalité, dans le domaine de la santé mentale, tout se tient : bien s'alimenter, respirer correctement, s'exercer à la méditation, faire de l'exercice sont incontestablement des habitudes gagnantes auxquelles la plupart des gens peuvent s'initier à tout moment quitte à persévérer par la suite.

Bouddhisme et pratiques de santé

Tout cela n'est pas neuf : c'est, entre autres, un des enseignements du bouddhisme. Ce que je retiens personnellement du bouddhisme, dont le monumental corpus de connaissances m'échappe en grande partie, c'est que voilà plus de deux mille ans, un jeune homme qui allait devenir Bouddha (« L'Éveillé »), prenant soudain conscience de l'impact de l'omniprésence de la souffrance et de la puissance de la compassion, ait mis au point un moyen de réguler la première par la seconde, pour améliorer sa propre vie et celle des autres. Quelle vision ! D'ailleurs Bouddha et Jésus, devant la maladie et la souffrance, déploient des attitudes complémentaires : Bouddha se comporte en enseignant, en maître, et initie à tout un travail de maîtrise sur ce qui se passe en soi, un travail de prévention. Tandis que Jésus se fait thaumaturge, permet la guérison, répare maux et malheurs, et effectue (entre autres !) un travail de soignant. Peut-être avons-nous ainsi gardé de notre culture religieuse chrétienne une tendance excessive à nous abandonner aux pouvoirs de la médecine et une relative négligence envers la prévention. Développer une attitude de compassion est tout aussi important. Dans ma pratique de psychiatre, quand je suis confronté à un problème d'estime de soi chez mes patients, je recours souvent à cette idée d'une connexion vitale et indispensable entre les personnes. Pour se sentir bien soi-même, il est capital de se sentir bien avec les autres, de ne pas les percevoir d'emblée comme des concurrents ou des persécuteurs, de développer un minimum de confiance, d'établir des relations fraternelles, de faire l'expérience de donner, de soulager, d'ajouter au bonheur des autres. Cela nous revient d'une manière ou d'une autre, incontestablement. Néanmoins, c'est toujours plus difficile de penser au bonheur des autres quand on est malheureux et c'est sans doute la raison pour laquelle on observe une plus grande ouverture sociale chez les gens heureux. Comme si le bonheur permettait de concevoir plus ou moins consciemment que plus il y a de gens heureux tout autour, plus la vie devient facile.

Influences sociales toxiques sur la santé mentale

Il n'est pas facile d'élucider l'impact de la société sur notre équilibre psychologique. Mais certaines valeurs hautement privilégiées dans le monde ambiant se révèlent cependant pernicieuses : c'est le cas de la performance, l'excellence, le rendement, etc. On peut même parler du *mythe toxique du dépassement de soi*[1]. Sur cette terre, nous sommes inscrits dans la réalité du temps et le temps passe, donc il nous impose des limites. Nos énergies sont également limitées. Ces limites nous acculent à faire des choix et quand la société choisit pour nous à quelles valeurs on doit consacrer le meilleur de son temps et de ses énergies, on risque de passer à côté d'aspirations indispensables à notre équilibre psychologique. Voilà un exercice fondamental à faire et à refaire : peser et soupeser ses priorités, se demander ce qui importe à ses propres yeux, établir son échelle des valeurs, finalement. Est-il si important de franchir tous les échelons de l'entreprise au risque de négliger sa famille, ou de mettre en péril sa santé ou son bien-être psychologique ? C'est ce travail de réflexion qui me paraît urgent, d'autant plus que la société ne lésine pas sur les moyens d'imposer sa propre échelle de valeur basée, quant à elle, sur le matérialisme, la possession, la compétition, le profit. Je dis souvent à mes patients que pour discerner facilement ce qui importe

---

1   Voir *Imparfaits, libres et heureux*, Christophe André, éd. Odile Jacob, 2006.

le plus à nos yeux, il suffit quelquefois de nous demander ce que nous regretterons sur notre lit de mort. Il y a peu de chances qu'on s'en veuille d'avoir refusé de faire du surtemps, d'avoir tenu sa maison propre ou d'avoir retardé le dépôt d'un dossier. Mais on pourra regretter amèrement de ne pas avoir vu grandir ses enfants, ou d'avoir négligé sa vie de couple, ou d'avoir délaissé des amis chers, ou d'être passé à côté d'une foule de beautés que nous offrent la nature ou les arts, etc. La plupart des gens reconnaissent probablement assez bien ce qui est important dans leur vie, mais de là à respecter leur échelle des valeurs, il y a des pas à franchir, et les influences de la société ne vont pas toujours dans le sens de nos options les plus profondes, d'où la nécessité de réfléchir souvent à ce genre de question. C'est peut-être le prochain grand rôle de la médecine psychologique : parvenir à favoriser chez les patients la prise de conscience de leurs intérêts les plus fondamentaux, pour favoriser leur santé.

L'estime de soi

Concernant plus précisément la question de l'estime de soi, on remarque que nos contemporains sont souvent aux prises avec le sentiment de ne pas être à la hauteur, de ne s'être pas suffisamment *dépassés* comme on dit, de se tenir en deçà de la norme ou d'être menacés d'exclusion. Plusieurs raisons expliquent ce phénomène, j'en note deux. D'abord, il relève d'une propension innée, c'est-à-dire propre à notre espèce : le petit primate que nous étions à l'origine dans la savane africaine risquait sa vie si, rebelle aux standards du groupe, il s'en trouvait exclu, d'où la peur latente d'un éventuel rejet, inscrit dans nos gènes les plus lointains. Ensuite, nous baignons dans une atmosphère culturelle marquée au coin de l'hypercompétence, de l'excellence, de la survalorisation du « je » si bien que nous rêvons tous plus ou moins de figurer au panthéon. Moi, quitte à les déconcerter dans un premier temps, je dis souvent à mes patients affligés d'un sentiment d'infériorité qu'ils ont parfaitement raison : ils sont inférieurs ! Puis je rajoute : et moi aussi je suis inférieur ! Et tout le monde ! Chacun de nous est inférieur à d'autres dans certains domaines : il y a aura toujours des plus intelligents, des plus brillants, des plus ceci, des plus cela… L'important, c'est de composer au mieux avec ce que nous sommes et de renoncer à ce qui ne nous est pas accessible. Une telle attitude d'acceptation intelligente de qui l'on est, c'est un principe de base en psychologie positive. Voilà une vieille idée qui fait figure de clé aujourd'hui pour se libérer des pressions inhérentes au mode de vie contemporain, car il n'est pas du tout réaliste d'aspirer au dépassement permanent de soi. Nous avons assez à faire pour déployer ce que nous sommes et, de fait, nous sommes limités, imparfaits, inférieurs dans plusieurs domaines. Nous sommes incomparables, finalement. Incomparables et fondamentalement aptes à des instants de bonheur si nous avons l'intelligence de refuser les compétitions et comparaisons inutiles.

« Je veux vivre »

ALAIN BEAUREGARD

Alain Beauregard est physicien de formation, entrepreneur en haute technologie et pratiquant du bouddhisme tibétain. Il a fondé à l'âge de 27 ans une entreprise spécialisée en photonique qui est devenue un leader mondial dans le domaine de la vision robotique. Ayant réalisé ses objectifs et ses rêves de succès matériel dès le début de la quarantaine, et ne se trouvant pas plus heureux pour autant, il s'est tourné de plus en plus vers la science intérieure du bouddhisme tibétain, à la recherche du bonheur véritable.

À 46 ans, sa vie a basculé lors de la découverte d'un cancer de la vessie avancé, métastatique et incurable selon la médecine. Grâce au pouvoir de la prière et des puissantes pratiques de guérison du bouddhisme tibétain, les traitements de chimiothérapie ont été extrêmement efficaces.

Une guérison complète de la tumeur principale et des métastases a été obtenue en quatre mois, contre toute attente.

J e suis physicien et pratiquant du bouddhisme depuis plus de dix ans. Jusqu'aux événements dont il sera question dans ces pages, ma pensée fonctionnait donc surtout sur le mode rationaliste bien que la philosophie bouddhiste et certaines de ses pratiques ne m'étaient pas étrangères.

Le 26 juin 2006, j'étais transporté d'urgence à l'hôpital en raison de douleurs intolérables au niveau des reins. Quelques jours plus tard, j'apprenais la présence d'une tumeur maligne dans ma vessie et de métastases dans les os : côtes, bassin, colonne vertébrale. On en décelait même dans un poumon. J'étais affligé d'un cancer agressif tout à fait incurable et, comme je tenais à la vérité, on m'a délicatement fait comprendre qu'il valait mieux mettre mes affaires en ordre, bref de préparer ma fin. Un coup de massue. J'ai demandé une seconde expertise. Sept spécialistes réunis autour de mon cas ont confirmé le diagnostic. J'étais un homme fini à quarante-six ans. Pour éviter de trop lourdes souffrances et prolonger ma vie au mieux de trois à six mois, on allait bientôt me proposer des traitements de chimiothérapie qui ne visaient nullement la guérison.

À cause des douleurs intenses occasionnées par un blocage total de la vessie, il fallait tout de même qu'on m'opère pour drainer mes urines grâce à tout un système de *plomberie* qui n'a rien à voir avec les circuits naturels. Or, cette chirurgie très spécialisée ne se faisait pas dans l'hôpital où j'étais soigné. Mon médecin avait beau chercher partout, rien n'était disponible avant le lundi suivant et je n'allais pas survivre au week-end sans cette fameuse intervention chirurgicale. Là, j'ai vraiment rencontré la mort. Je la sentais près de moi, autour de moi, en moi. Elle n'était plus un concept mais une réalité qui me concernait totalement. Je me suis mis à penser à mes enfants, à mon expérience de vie, à ma famille, aux personnes que j'aime et, à un moment donné, toutes les cellules de mon corps se sont carrément révoltées. Un instant crucial. Un point tournant. Je disais : « Non ! Je ne veux pas mourir » et, en même temps, « oui, je veux vivre ». Je prenais soudainement conscience que depuis les deux dernières années, j'avais pour ainsi dire perdu de l'intérêt pour la vie, en tout cas dans certains domaines, et je nourrissais une sorte de sentiment d'échec malgré les apparences. Ce n'était pas quelque chose de lancinant, mais certaines expériences avaient un goût amer et je m'étais plus ou moins laissé aller. Sur mon lit d'hôpital, à quelques heures de la mort, il était un peu tard pour me réveiller : c'est pourtant ce qui s'est produit. J'étais prêt à tout pour ne pas mourir. Jamais je n'avais pris une telle décision en faveur de la vie. Vers la fin de l'après-midi de ce vendredi, on a finalement déniché une salle d'opération dans un autre hôpital. Je ne connais pas le détail des événements parce que j'étais sous morphine, mais ce jour-là, la néphrostomie a sauvé ce qu'il me restait de temps à vivre. L'échéance était en effet bien claire : au retour, j'ai demandé à mon médecin si j'avais au moins 1 % de chance de guérir, elle m'avait répondu les larmes aux yeux qu'il n'y en avait aucune. Sans réfléchir, je lui ai répliqué que je ne la croyais pas, que j'allais vivre. Suivant les avis médicaux, c'est donc pour prolonger quelque peu mes jours que j'allais subir des doses massives de chimiothérapie puis de radiothérapie.

Pendant près de quatre mois, je rentrais avant tous les autres patients au département d'oncologie pour recevoir le traitement, puis je sortais le dernier tellement la dose était forte. Il s'est passé beaucoup de choses pendant cette période. Un jour j'avais la certitude que j'allais m'en sortir et le lendemain, je n'y croyais plus du tout. Néanmoins, j'avais décidé de faire tout ce que je pouvais pour donner ses chances à la guérison. La chimio représente une terrible expérience, c'est un poison qui vous tue violemment alors que le cancer m'aurait probablement tué plus silencieusement. J'en suis venu à n'avoir d'énergie que pour respirer. Étrangement et sans doute parce que je me trouvais dans un état de complète vulnérabilité, ma raison avait cessé de fonctionner : j'étais la proie de mes émotions à l'état brut. Par exemple, si quelqu'un frappait à ma porte, j'éprouvais une grande frayeur. Un état d'angoisse latente m'habitait contre lequel je ne pouvais pas opposer le pouvoir habituel de ma pensée : si un visiteur assis en face de moi se levait pour aller prendre un verre d'eau, je me sentais parfaitement abandonné. Bref, j'étais submergé par mes émotions et je pleurais à tout bout de champ. On m'a donc proposé des anxiolitiques. J'ai choisi d'en prendre les quelques jours où j'ai été secoué par un violent hoquet mais, en général, je voulais supporter le plus possible cet état d'hypersensibilité pour entrer en moi-même et y voir plus clair. À partir de là, je me suis fait une alliée de la chimiothérapie : elle me permettait de prendre conscience de sentiments de honte et de culpabilité refoulés très loin et qui ont probablement joué dans ma vulnérabilité au cancer même si mon travail de physicien m'avait autrefois carrément exposé à des produits favorables aux tumeurs de la vessie.

Au fil des traitements, j'ai beaucoup approfondi mon lien avec le bouddhisme tibétain et avec des maîtres qui m'ont finalement beaucoup aidé. Je connaissais certaines pratiques de méditation, de visualisation et de guérison que j'ai reprises dans un esprit tout à fait nouveau grâce à cet état d'impuissance absolue où je me trouvais. J'ai beaucoup prié, j'ai demandé de l'aide et j'ai été aidé, en particulier par un maître tibétain, Sogyal Rinpoché, et aussi par un voisin, Normand, dont j'ai fait la connaissance par hasard et qui m'a pour ainsi dire percé à jour. Normand serait une sorte de spécialiste des émotions : il m'a beaucoup aidé à comprendre les messages de mon corps, à débusquer les *feelings* qui s'y cachaient et à les ressentir sans intellectualiser le moins du monde. Grâce à cette démarche, je suis parvenu à m'accepter et à m'aimer envers et contre tout. Je me suis graduellement libéré de la part de haine que je nourrissais contre moi. Toujours est-il qu'après la moitié du programme de chimiothérapie, la tumeur avait diminué de moitié et qu'à la fin, toute trace de cancer avait disparu. Je pleurais de joie quand mon médecin me l'a annoncé et, en fait, j'avais du mal à la croire. Je tenais absolument à voir un document, une lettre, quelque chose qui le confirmait et elle m'a effectivement montré un rapport du *scan* sur lequel il était écrit « réponse excellente ».

Dans le département d'oncologie, tout le monde m'avait vu faire mes pratiques bouddhistes. Sans être fermée à ce genre de chose, mon médecin n'y croyait pas plus que ça. Mais quand elle a vu, elle-même, le résultat du scan, elle m'a dit que rien n'expliquait une telle réussite sur le plan médical, que ce devait être l'effet de la prière. Moi, je pense qu'elle a raison et que la prière a permis au traitement de chimiothérapie de fonctionner au delà de toute attente. Beaucoup d'éléments ont joué : la chimio et la radiothérapie certainement, mes pratiques bouddhistes, la prière, la présence de ceux qui m'aidaient, de mes proches, les bonnes questions de mon voisin Normand à propos des messages émotionnels que me lançait mon corps et, surtout mon attitude, c'est-à-dire ma volonté et ma détermination bien arrêtées de vivre. L'esprit humain détient un pouvoir inimaginable que ce soit dans le sens de la vie ou dans le sens de la mort. Mon cancer était probablement une sorte de suicide non violent contre lequel je me suis dressé de toute ma force à un moment donné. C'est peut-être là que loge le fondement de ma guérison. Je ne pense pas qu'on ait raison d'abandonner notre pouvoir aux personnes ou aux moyens extérieurs. Il est très important de s'impliquer dans le processus de guérison même si on se sent complètement dépourvu d'énergie. On peut toujours parfaire son attitude intérieure, continuer de chercher, s'entourer des bonnes personnes et reprendre son propre pouvoir là où c'est encore possible quitte à lâcher prise là où c'est l'extérieur qui doit agir.

Je me souviens d'un moment particulier où, faisant toutes ces découvertes sur moi-même, j'ai vraiment senti que le cancer était la meilleure chose qui me soit arrivée. Une bénédiction. La chance de changer profondément. À partir de là, j'ai perçu la maladie comme une véritable bénédiction. Loin de moi l'idée de généraliser. Il y a beaucoup de mystère dans les histoires de guérisons, mais je suis certain que nous ne sommes pas seulement ce que nous mangeons, mais surtout ce que nous pensons. Encore une fois, l'esprit a des pouvoirs insoupçonnés et ce ne sont pas les médecins qui peuvent nous donner cela. Cependant, je dois admettre que mon cheminement de quelques mois, la descente au fond de mon âme à la faveur de cette fragilisation extrême sous l'effet de la chimio puis de la radiothérapie, n'a pas eu lieu de façon linéaire. C'était plutôt les montagnes russes : un jour, j'étais désespéré, un autre jour regarder un arbre me connectait directement au divin. Une dimension supérieure prenait place en moi mais elle devait faire face à des moments très sombres. Maintenant, avec le recul et après mûre réflexion, je suis convaincu que c'est une question de foi dans une bonne mesure. Je pense qu'affronter la mort nous fait prier qu'on le veuille ou non et que cela déclenche une force en nous. Rien de tout cela ne se mesure et ce qui ne se mesure pas échappe à la science. On aborde ces mystères avec humilité et, dans mon cas, avec reconnaissance également.

Une expérience comme celle-là change votre vie. L'échelle des valeurs se transforme radicalement. Pour ma part, j'ai en quelque sorte bifurqué des valeurs reliées au travail, au succès, à la richesse vers les valeurs reliées à l'ouverture et à l'amour. J'ai cessé de courir et je me pose beaucoup de questions sur le travail, sur les conditions dans lesquelles on travaille en fonction de la productivité. J'en suis là. Je reste sans doute vulnérable et je dois tout faire pour me garder en forme, mais j'ai compris ce qui allait dorénavant faire la qualité de ma vie.

Autrement

Méditer pour mieux vivre
MATTHIEU RICARD

La sagesse pas à pas
BENOÎT LACROIX

La santé, un travail sur soi-même
ARNAUD DESJARDINS

Méditer pour vivre mieux

MATTHIEU RICARD

Matthieu Ricard est né en 1946. Il a grandi parmi les personnalités et les idées des milieux intellectuels et artistiques
parisiens. Il a étudié la musique classique, l'ornithologie
ainsi que la photographie. Docteur en sciences, il part s'ins-
taller dans l'Himalaya en 1972 afin de suivre les enseignements de maîtres spirituels tibétains remarquables.

Ordonné moine en 1978, il étudie la méditation et la philosophie bouddhistes, photographie les maîtres spirituels, la
vie dans les monastères, l'art et les paysages du Tibet, du
Bhoutan et du Népal depuis plus de 35 ans.

Matthieu Ricard est traducteur et éditeur de textes sacrés. Il
est l'interprète français officiel de S.S. le Dalaï-Lama. Il se
consacre aussi à la préservation de la culture tibétaine,
ainsi qu'à une trentaine de projets humanitaires initiés par
Shéchèn au Tibet, au Népal, en Inde et au Bhoutan (seize cliniques, sept écoles dont une pour 800 élèves, des orpheli-
nats, trois hospices, sept ponts, etc.), pour lesquels il cède
l'intégralité de ses droits d'auteur. Il est un auteur à succès
qui a amorcé et assure la continuité du dialogue entre
l'Orient et l'Occident.

Qu'est-ce que la méditation ?

Pour démystifier les notions de méditation et de spiritualité, il peut être utile de retrouver leur étymologie. En Orient, les mots qui servent à dire ces réalités signifient : cultiver et se familiariser avec…, cultiver une manière d'être, une qualité, une meilleure compréhension de la réalité.

Par exemple, on peut méditer sur l'impermanence, pour être en adéquation avec la réalité qui est impermanente. Car nous avons tendance à penser qu'elle est permanente et nous nous attachons aux choses, en croyant qu'elles dureront toujours et qu'elles nous appartiennent. On peut aussi méditer sur l'amour altruiste, c'est-à-dire le cultiver. Bien sûr, tout le monde a des pensées d'amour, de temps à autre, mais elles sont très rapidement remplacées par d'autres pensées.

Méditer, c'est faire en sorte de ne pas laisser les états mentaux positifs, comme l'amour altruiste, habiter notre esprit pendant quelques minutes, puis disparaître, mais les cultiver pendant dix, quinze, vingt minutes, une heure ou toute une journée, pour permettre à l'esprit de se remplir d'amour altruiste. Peu à peu, cet amour va s'intégrer à notre manière d'être.

C'est un entraînement, comme il en existe pour l'acquisition de n'importe quelle capacité ou expertise. En neuroscience, on parle de la plasticité du cerveau : le cerveau se forme et se transforme constamment. Cela ne peut se faire sans un entraînement, sans une répétition. La méditation permet également de se familiariser avec une vision différente du moi : nous avons tendance à penser qu'au centre de nous-même réside une sorte d'unité, en fait il s'agit plutôt d'un flot ; le flot de notre conscience est un flot dynamique, en transformation constante.

Une image exotique de la méditation veut que le méditant reste assis pendant des heures sous un manguier et se perde dans une béatitude un peu vague. En fait, la méditation est un entraînement de l'esprit.

Qu'est-ce que la spiritualité ?

De même pour la spiritualité : il ne s'agit pas d'avoir des transes mystiques. Du point de vue du bouddhisme, vivre dans la spiritualité c'est transformer son esprit. Le Bouddha a bien dit que tous ses enseignements, ceux qui portaient sur la conduite, sur la parole, étaient tous destinés à la transformation de l'esprit. Car c'est l'esprit qui est le seigneur dans l'être humain. Le corps et la parole sont des serviteurs.

Nous le savons, le monde n'est rien d'autre que ce que nous en percevons. Si nous transformons notre perception, notre monde change. De cette façon, nous pouvons progresser vers un bien-être authentique. Car le monde n'est pas un catalogue dans lequel il suffit de faire des choix pour satisfaire nos impulsions. Notre contrôle sur le monde est limité, éphémère, illusoire même. Mais nous pouvons transformer notre façon de voir et d'expérimenter le monde. C'est le rôle de l'esprit.

Nous devons certes améliorer les conditions extérieures pour avoir la meilleure qualité de vie possible : une bonne santé, l'éducation, la liberté, avoir une maison, une bonne nourriture pour soi-même et ses enfants… qui ne le souhaiterait pas ? Mais cela ne suffit pas. Car on peut très bien vivre dans un petit paradis et se sentir complètement misérable intérieurement. L'inverse est également vrai : on peut ressentir une joie de vivre, une grande paix intérieure, une force d'âme, tout en se trouvant dans des conditions de vie extrêmement pénibles. Le fonctionnement de notre esprit éclipse les conditions extérieures.

C'est un grand avantage parce que nous avons du pouvoir sur notre esprit. La spiritualité est justement ce processus graduel de transformation de l'esprit. Il s'agit d'éliminer les poisons mentaux que sont la haine, l'obsession, la confusion, l'arrogance, la jalousie… et de cultiver l'amour altruiste, la compassion, la force d'âme, la liberté et la paix intérieures, la sérénité. C'est le sens de la méditation.

Tout un travail !

Nous sommes prêts à faire des années d'études pour entrer dans une profession ; nous nous entraînons à jouer aux échecs, à monter à cheval, à lire, à écrire et à faire toutes sortes de choses. Et nous voudrions que les composantes fondamentales du bonheur nous soient données, comme cela, dans un claquement de doigts, simplement parce que nous souhaitons être heureux, ou être une bonne personne, ou avoir plus d'amour ! Uniquement parce que nous le souhaitons. Ce serait bien la seule chose au monde qui adviendrait sans le moindre effort, sans le plus petit entraînement.

Pour investir du temps dans cet apprentissage, il faut un certain enthousiasme, une aspiration, une détermination. Nous ne le pouvons que si nous entrevoyons les bienfaits d'une telle transformation.

La première étape consiste à réfléchir au fait que nous avons tous le potentiel de changement nécessaire, un potentiel que nous sous-estimons considérablement. Car il est rare que nous nous attelions vraiment à cette tâche.

Ensuite, si nous nous efforçons de façon régulière et continue de transformer la façon dont nous percevons les choses et de développer certaines qualités humaines, qui trop souvent restent latentes, nous obtiendrons un résultat, comme on apprend à jouer du piano. Bien sûr, il ne s'agit pas d'une habileté ordinaire comme pour la gymnastique, ou le jeu d'échecs, ou le piano. C'est une expertise qui a à voir avec des qualités humaines essentielles. Ce travail aura donc un impact fondamental sur la qualité de notre vie et non seulement sur notre bonheur mais aussi sur celui des autres. Plus nous sortons de notre égocentrisme pour développer nos qualités humaines, plus nous trouvons une façon de vivre épanouie et satisfaisante, plus nous contribuons tout naturellement à la qualité de la vie des autres.

À la racine de l'altruisme

L'interdépendance est au fondement même de l'altruisme. Nous ne pouvons pas construire notre petit bonheur dans la bulle de l'égocentrisme. « Moi, je construis mon bonheur, lui il construit le sien, et ainsi tout le monde sera heureux. » La poursuite d'un bonheur égocentrique va à l'encontre de la réalité. Nous sommes interdépendants, notre bonheur ne peut se construire qu'avec celui des autres. La poursuite d'un bonheur égoïste est donc vouée à l'échec. L'écrivain Romain Rolland disait : « Si le bonheur égoïste est le seul but de votre existence, votre existence sera bientôt sans but. »

La compassion et l'amour altruiste reposent sur la réalité, la réalité de notre interdépendance. Plus on s'entraîne dans l'acquisition de ces qualités humaines, plus on sera en harmonie avec la réalité et plus notre entreprise sera couronnée de succès. Notre entraînement ne va pas se heurter à la réalité, il accompagnera la réalité. Et de fait, plus on cultive l'amour altruiste, plus la vie devient satisfaisante pour soi-même et pour les autres. Tout le monde y gagne ! Mais dans la recherche du bonheur égoïste, tout le monde y perd. Plus on cultive l'égoïsme, la jalousie, plus on se sent misérable.

Le drame de l'ignorance

Personne ne se réveille le matin en se disant qu'il souhaite souffrir toute la journée, toute la vie. Nous souhaitons tous une meilleure qualité de vie, d'être, d'expérience. Mais beaucoup n'ont aucune idée des moyens de chercher et de trouver le bonheur authentique. On peut donc se tromper sur les buts, mais on peut aussi se tromper sur les moyens.

Ce n'est pas une question de mode de vie oriental ou occidental, c'est une question d'ignorance : l'ignorance de la nature des choses. Cette méconnaissance affecte tous les êtres humains. Nous croyons trouver le bonheur en rassemblant toutes les conditions extérieures de la prospérité, de la richesse, du pouvoir, et nous nous leurrons pendant tout le temps que nous passons à essayer d'obtenir ces choses. Si nous n'atteignons pas notre but, nous sommes déçus et nous constatons que notre quête ne nous a pas menés à grand-chose.

C'est pourquoi, au départ, il faut une réflexion de sagesse sur les vraies composantes du bonheur authentique. Et pour cela, il faut s'arrêter, regarder en soi-même, regarder chez les autres et réfléchir à ce qui va contribuer à un bonheur authentique pour nous. Si nous faisons cette démarche, nous comprendrons que le vrai bonheur est lié aux qualités fondamentales d'altruisme, de compassion et de paix intérieure. Nous constaterons que les émotions afflictives et perturbatrices que sont l'agressivité, la haine et l'obsession sont des obstacles à notre bonheur.

En Occident, du fait des activités qui occupent une grande partie de nos énergies, du matin au soir, nous avons moins le loisir de nous pencher sur les causes fondamentales du bonheur. On croit que plus on en fera, plus on ira vite, plus les insatisfactions s'évanouiront. Mais bien des gens se trouvent désabusés, désenchantés devant cette approche. Et en même temps, ils sont démunis et ne voient pas d'autres solutions parce que les traditions qui préconisaient la transformation de soi-même sont tombées en désuétude. Elles paraissent vieux jeu, bizarres, religieuses. On trouve inutile, égoïste même, de passer du temps à méditer. Or, la première révélation de la méditation, c'est que le chacun pour soi est l'ennemi numéro un du bonheur. On ne peut donc pas taxer d'égoïste une démarche qui vise à détruire l'égoïsme.

La question du temps

On dit qu'on n'a pas le temps, c'est le grand argument. C'est tout de même une question de choix. Qui n'a pas le temps de lire le journal, de regarder une émission de télévision, de passer deux heures au restaurant ? Tout dépend des avantages que l'on attend de telle ou telle activité.

Retirons-nous de ces activités les bienfaits que nous en attendons ou en trouverions-nous davantage et de plus considérables à passer vingt minutes chaque matin et chaque soir à essayer de transformer notre esprit ? Il faut en faire l'expérience, il ne sert à rien d'imposer aux autres des vérités. La meilleure façon d'y prendre goût, c'est d'essayer.

Il faudrait aller au-delà de notre réticence, de notre appréhension face à l'idée de changer notre esprit. On se débrouille, on bricole des petits changements au jour le jour, on se dit que ça pourrait être pire…

Il faut le reconnaître, les moyens pour entamer un processus de transformation, la méditation par exemple, restent encore relativement peu connus. Après les quelques conférences que je donne à droite et à gauche, des gens viennent me trouver et me disent : « On aimerait bien méditer… Qu'est-ce qu'on fait ? » Ils sont prêts sincèrement à essayer de changer, mais ils n'ont pas les outils. Bien sûr, il serait utile que des moyens comme la méditation entrent un peu plus dans la culture, que des manuels tout simples soient facilement disponibles, des manuels qui démystifient la méditation tout en l'expliquant : pourquoi méditer ? Sur quoi et comment ? C'est d'ailleurs l'un de mes projets de rassembler un peu d'information sur le sujet.[1] La sagesse de la méditation dans la tradition bouddhiste d'où je viens pourrait être utile à ceux et celles qui sont dans ce genre de questionnement et qui veulent tenter l'aventure.

Une certaine idée du progrès

Actuellement, en Occident, on assiste à une suractivité qui vient de l'idée de développement à outrance. Bien sûr, je ne prêche pas le retour à l'âge des cavernes, mais il faut quand même se rappeler que cette révolution technologique, économique, industrielle est née du désir d'améliorer la qualité de la vie. On voulait augmenter la durée de la vie, en adoucir les conditions, apporter un

---

[1] *L'art de la méditation*, NiL Editions, Octobre 2003.

peu de bien-être dans la vie matérielle de tous les jours. Pendant longtemps, le mouvement s'est accéléré dans cette direction et on a vu effectivement changer les conditions de vie. L'espérance de vie est passée de 35 à presque 80 ans maintenant. Les progrès sont considérables.

Mais nous sommes en train d'oublier le but de l'opération. Si le produit national brut n'augmente pas systématiquement chaque année, c'est la panique. Dans ce développement, on trouve maintenant des composantes qui vont à l'encontre du bien-être de la population. Les changements climatiques n'en sont qu'un exemple. Ils résultent de cette évolution.

La seule idée de ralentir la cadence fait peur, même si de plus en plus on en constate les effets néfastes. Nous n'arrivons pas à corriger la trajectoire, parce que nous n'arrivons pas à renoncer au but du développement. En fait, il ne s'agit pas de renoncer à quoi que ce soit, mais plutôt de redéfinir la notion de progrès. Si, plutôt que de parler du produit national brut, on parlait du bien-être ou du bonheur national brut, il n'y aurait plus de problèmes parce que l'analyse serait légèrement différente. On se demanderait quelles sont les composantes de tel ou tel aspect du développement qui favorisent vraiment le bien-être de la population et on choisirait de poursuivre dans cette voie. On se demanderait lesquelles vont à l'encontre du bien-être et on réorienterait l'activité. Le fait de retenir certaines priorités plutôt que d'autres, même si ce choix entraînait un ralentissement de l'activité, ne serait plus perçu comme un échec.

Je connais un petit pays qui l'a fait : le royaume du Bhouthan, qui est devenu cette année une démocratie. Le gouvernement a établi un plan de cinq ans basé sur le bonheur national brut. Tout le développement est orienté dans cette perspective. Le seul critère pour juger du succès du plan est celui-ci : est-ce que la qualité de la vie s'améliore ou non ? On adapte le produit national brut en fonction de l'impact qu'il peut avoir sur le bien-être de la population. Bien sûr, pour que les grandes sociétés arrivent à en faire autant, il faudrait des réajustements mineurs et majeurs : tous les rouages financiers ont été créés en fonction du produit national brut.

Nos sociétés souffrent d'une vue à court terme et d'une mauvaise définition de nos buts. Ce n'est pas une question de spiritualité, mais de bon sens. Le problème, c'est que l'être humain réagit aux dangers immédiats. Il est programmé pour se défendre contre l'animal qui va l'écraser ou pour attraper la proie dont il a besoin pour se nourrir. Il est moins compétent pour prévoir ce qui va arriver dans vingt ou trente ans ou ce qui va affecter les générations suivantes. Pourtant, c'est dans cette vision à long terme qu'il pourrait faire preuve d'intelligence, montrer sa faculté de prévoir et sa capacité de mettre de côté son bien-être égoïste, pour adopter une vision plus large de ce qui est bon pour l'humanité.

La capacité de transformation de la méditation

Depuis une dizaine d'années, de grandes universités, comme l'Université de Madison au Wisconsin, l'Université de Princeton ou Harvard et Berkley, de même que des centres à Zurich et à Maastricht, en Europe, mènent des recherches très poussées sur la méditation et son action dans le cerveau. Les méditants expérimentés, ceux qui ont fait entre dix mille et quarante mille heures de méditation, ont démontré qu'ils avaient acquis des capacités d'attention pure que l'on ne retrouve pas chez les débutants. Ils sont capables de maintenir une vigilance parfaite pendant quarante-cinq minutes sur une tâche d'attention. La plupart des gens ne dépassent pas cinq ou dix minutes, après quoi ils commencent à faire toutes sortes d'erreurs. Les méditants expérimentés ont la faculté d'engendrer des états mentaux extrêmement précis, ciblés, puissants, spécifiques. Des expériences ont démontré que la zone du cerveau associée à des émotions comme la compassion par exemple, présentait une activité plus grande chez les méditants. Ces découvertes impliquent que le bonheur est quelque chose qui peut être délibérément cultivé par un entraînement mental.

En travaillant avec du personnel médical, on a pu mesurer des bienfaits de la méditation. Ces personnes peuvent souffrir de *burnout* au contact incessant de la souffrance. Des recherches sont en cours qui pourraient montrer qu'en travaillant avec ces personnes sur l'empathie, sur l'amour altruiste et sur la compassion, non seulement on pourrait supprimer le phénomène de saturation et de *burnout,* mais que ces personnes pourraient devenir plus disponibles aux malades, sans éprouver la tension ordinaire propre à leur profession.

Ce sont des connaissances qui ressortent de l'expérience des méditants expérimentés, mais qui de toute évidence pourraient avoir des répercussions sur nos façons de vivre. On pourrait les utiliser avec les enfants qui souffrent des troubles de l'attention, les enfants hyperactifs, par exemple. La méditation entraîne un équilibre émotionnel. Il existe des études intéressantes sur l'effet de la méditation sur la dépression. Même s'il est difficile d'aider une personne en pleine dépression, on a constaté que la méditation, combinée parfois à une thérapie cognitive, réduisait considérablement les risques de rechute dans les dépressions bipolaires. L'entraînement à la pleine conscience peut diminuer de 30 % les risques de rechute, parce qu'elle permet de sortir de la rumination, de l'obsession.

Des chercheurs extrêmement brillants dans le domaine des neurosciences comme Richard Davidson à Madison ou Paul Ekman en Californie, Brent Field et Jonathan Cohen à Princeton, Tania Singer en Europe, des scientifiques de haut niveau travaillent pour la première fois avec des méditants experts pour étudier les effets d'une vingtaine de minutes de méditation par jour. Les études démontrent qu'en trois mois seulement, on peut diminuer considérablement la tendance à la dépression et à l'anxiété. Le système immunitaire se renforce d'à peu près 20 % et il y a une nette amélioration de la qualité de l'attention. Ces bienfaits se manifestent assez rapidement et peuvent être renforcés, approfondis, cultivés, mais il n'est pas nécessaire d'attendre vingt ans pour les voir se manifester.

Les techniques de méditation visent à transformer l'esprit. Il n'est pas nécessaire de leur attacher une étiquette religieuse particulière : bouddhiste, hindouiste ou chrétienne, car ces techniques peuvent être associées ou non à une croyance religieuse. Tout le monde a un esprit, tout le monde peut travailler avec son esprit. Dans la mesure où les bienfaits sont avérés, on peut envisager que le processus de transformation de l'esprit par la méditation sur la pleine conscience, par la façon de cultiver l'altruisme et l'attention, soit accessible à tous, sans adhésion à une religion.

Depuis deux mille cinq cents ans, le bouddhisme met l'accent sur ces processus de transformation de l'esprit. Il s'est penché sur la science intérieure du fonctionnement de l'esprit, pendant que d'autres étudiaient les phénomènes extérieurs. On est maintenant capable d'envoyer des hommes sur la lune. Mais qui sait ce qui a le plus d'avenir maintenant ? Transformer son esprit est peut-être moins spectaculaire, mais aussi utile, sinon plus, à la qualité de notre vie.

Passer de l'état normal à l'état optimal

Dans le fonctionnement des sociétés occidentales, on s'occupe des personnes quand elles sont malades. Pour illustrer cette mentalité, disons que l'approche thérapeutique vise à faire passer une personne qui va mal de − 10 à 0, par exemple, sur l'échelle de la santé. Elle s'arrête là. Ce qui fait que fonctionner normalement, dans ce système, c'est en rester à cette position défaitiste. Pourquoi ne pourrait-on pas faire mieux ? Si on peut passer de − 10 à 0, pourquoi pas de 0 à +10 ? Être au niveau +10, ce n'est pas être capable d'accomplir des actes étonnants, comme les enfants super intelligents ou des spécialistes du *body building*. C'est simplement avoir une vie équilibrée, une sérénité profonde, une force intérieure, un véritable altruisme. C'est *être* de manière optimale.

L'état optimal, c'est un peu comme la bonne santé. On peut être pas vraiment malade, mais pas tout à fait en bonne santé non plus. Si par exemple, je fume cinquante cigarettes par jour et que, pour le moment, je ne souffre d'aucune maladie respiratoire, je ne suis pas malade. Mais un jour ou l'autre, la maladie se déclarera.

Il y a donc une grande différence entre l'état normal et l'état optimal. L'état optimal nous rend capables de bénéficier de tout notre potentiel. On peut l'illustrer par un exemple concret. L'état normal me permet de rester assis sur une chaise, il n'y a là rien de pathologique, mais on peut faire mieux. Un être humain peut s'entraîner, marcher en montagne, avoir une vie active avec tous les bénéfices qui en découlent. La personne qui ne fait rien est dans un état normal. Mais comme elle a la capacité de sortir prendre l'air, de marcher, de faire de l'exercice physique, elle se sent mieux quand elle le fait.

De la même façon, nous avons tous le potentiel d'avoir une qualité de vie due au meilleur fonctionnement de notre cerveau. Mais nous ne l'actualisons pas. Le but de l'entraînement de l'esprit par la méditation n'est pas de nous rendre capables de faire des choses extraordinaires, mais d'exploiter toutes les ressources dont nous disposons. Il s'agit de reprendre possession d'un trésor que nous avons et que nous négligeons souvent. Nous agissons comme un pauvre qui sait qu'il a un morceau d'or sous sa cabane, mais qui ne se donne pas la peine de le déterrer. Pour toutes sortes de raisons : inertie, hésitation, ignorance. Pourtant des milliers d'êtres humains l'ont fait, c'est possible, c'est faisable et il existe des méthodes pour le faire.

Nos sociétés trouveraient un immense avantage au développement des qualités de l'esprit des individus. Elles pourraient découvrir des solutions à toutes sortes de problèmes comme la violence, le mécontentement social, etc.

Les étapes du changement

Il faut d'abord faire un constat de l'effet des poisons mentaux que sont la jalousie, l'envie, le pessimisme, les obsessions, etc. Évidemment, ils sont délétères. Deuxièmement, il faut voir une possibilité de changement. Troisièmement, il faut mettre ce changement en action. Pour le faire, il suffit de posséder les grandes lignes directrices.

Cette réflexion se fait souvent à l'occasion des grandes crises de l'existence : la crise de l'adolescence, celle de la quarantaine, celle de la retraite, ou celles provoquées par des événements extérieurs. Il serait sage de ne pas attendre ces grands bouleversements pour commencer à réfléchir sur notre manière de vivre. On le fait parfois… La prise de conscience dure quelques mois puis on évacue la question. Pourtant ce serait dans l'intérêt de chaque personne de le faire et c'est tout à fait réalisable.

Le pessimisme ambiant

Nous vivons dans une ère marquée par le pessimisme, un pessimisme qui a été mis en évidence par de grands philosophes. Ces penseurs n'ont fait que refléter l'insatisfaction qui est celle de l'état normal dans lequel nous vivons. Nous leur devons cette lucidité qui est déjà un premier pas. Mais ils s'arrêtent là. Ils disent bien que cet état normal n'est pas satisfaisant. Le désir, quand il est satisfait, débouche sur l'ennui et quand il ne l'est pas, provoque une tension ; nous ne sommes donc jamais vraiment bien. Leur analyse est tout à fait juste pour cette étape normale qui, en fait, est pathologique. Ils n'ont pas eu l'intuition d'une autre étape, celle de l'état optimal qui pourrait être celui de l'humanité. Le diagnostic est juste, mais il est resté sans remède possible.

Le bouddhisme a commencé de la même façon. La première des quatre nobles vérités qui ont constitué le premier enseignement du Bouddha est que la souffrance doit être reconnue. D'ailleurs, le bouddhisme a souvent été accusé de pessimisme. Il y a cinquante ans à peine, on lui reprochait encore de parler de la souffrance. Comment peut-on reprocher à un médecin de parler de maladie ? Mais le bouddhisme ne s'est pas arrêté à cette constatation de la maladie, comme l'ont fait les philosophes. La deuxième noble vérité porte sur les causes de la souffrance : la haine, l'animosité, le désir obsessif, l'arrogance, la jalousie, la confusion… Cette vérité agit comme un médecin qui dirait : « Voilà, vous êtes malade, mais pourquoi ? Qu'est-ce qui se passe ? » La haine, l'obsession, l'arrogance, la confusion mentale, l'ignorance sont comme des poisons mentaux. Ce sont des constructions mentales qui naissent de causes et de conditions particulières. Elles sont donc impermanentes, transitoires. On peut donc les changer !

La troisième noble vérité affirme la possibilité de la cessation de la souffrance. Car si l'on considère la nature fondamentale de l'esprit, elle n'est teintée ni par la haine ni par rien, d'ailleurs. C'est une faculté cognitive de base, un peu comme l'eau. Un verre d'eau peut contenir du cyanure ou une poudre médicinale qui vous soignera d'une maladie, mais l'eau en elle-même ne change pas. La nature fondamentale de la conscience n'est touchée ni par les bonnes ni par les mauvaises pensées. Donc, il est possible d'agir sur le contenu et de le transformer.

La quatrième noble vérité porte sur la voie, sur les moyens de transformation. Quelles sont les méthodes pour éradiquer l'ignorance et les toxines mentales afin de faire cesser la maladie ?

On le voit, quand on s'arrête à l'enseignement des philosophes, quand on n'entre pas dans les trois autres vérités, on reste coincé dans le pessimisme. Mais si on entrevoit la possibilité d'une cessation de cet état, on entre dans une vision éminemment optimiste. Comme si le médecin disait : « Vous êtes malade, certes, mais voilà les causes de votre maladie, voilà comment y remédier. La guérison est possible. »

Le cas particulier du Tibet

Le Tibet représente une société centrée sur la science de l'esprit. On dit que les Tibétains sont un peu arriérés parce qu'ils ne construisent pas de voitures ou de choses utiles, mais ils ont passé plus d'un millénaire à approfondir les méthodes de transformation de l'esprit. Cette façon de vivre a créé une société particulière. Avant l'invasion chinoise, près de 20 % de la population habitait dans les monastères ou autour. Les monastères ne sont pas des lieux fermés, isolés du reste du monde où des personnes passent leur vie à se regarder le nombril. Ce sont des lieux où l'on se consacre à l'étude de la philosophie, à l'étude de la pratique contemplative. Beaucoup de laïcs venaient y passer un certain temps à méditer, à réciter des prières, à s'adonner à des activités spirituelles. Le centre de cette communauté était donc le monastère et ses maîtres spirituels qui s'occupaient de toute la population. Avec l'invasion chinoise, cette forme de société centrée sur la spiritualité est menacée, non seulement par l'occupation chinoise d'ailleurs, mais aussi par l'apparition des façons de faire du monde moderne. La diaspora en exil s'est consacrée principalement à l'éducation, à la préservation des valeurs, à la culture tibétaine, mais cette population ne représente qu'un soixantième du total des Tibétains et ce qui arrivera au Tibet sera déterminant pour l'avenir de cette culture.

On peut espérer que le monde sera sensible à ce qui se passe là-bas. Comme le dit le Dalaï-lama : « Le Tibet n'a pas de pétrole pour les voitures, mais il a du pétrole pour l'esprit. » Ce genre de pétrole n'est pas coté en bourse, mais il pourrait être très utile à la société en général et aux Chinois en particulier.

La sagesse
pas à pas

BENOÎT LACROIX

Historien, philosophe, théologien, essayiste, conteur, poète, auteur d'une cinquantaine d'ouvrages, et d'articles en nombre incalculable, il est recherché à titre d'observateur de la société québécoise par la presse écrite, la radio et la télévision. Les honneurs et les reconnaissances lui arrivent de toutes parts ; mentionnons la Société royale (1971), le Prix du Québec Léon-Gérin (1981), un doctorat honorifique en théologie de l'Université de Sherbrooke (1990), l'Ordre du Canada (officier, 1985) et l'Ordre national du Québec (chevalier, 1991, grand officier, 1996). Homme de recherche, homme d'Église et homme de cœur, Benoît Lacroix continue de rayonner et d'influencer son milieu. Il est un des grands témoins spirituels de notre époque.

Un pas à la fois

Quand on me demande comment je suis parvenu à mes 93 ans sans avoir traversé des problèmes de santé majeurs, j'invoque spontanément une raison sociale et une autre, disons, biologique. Plus concrètement, j'aime le monde et je respecte les rythmes de la vie. Je suis un fils d'*habitant* et j'ai appris très jeune à respecter la nature des choses et à faire confiance à la nature elle-même. Si j'observe le règne animal dont nous faisons partie à plus d'un titre, je vois que nous avons besoin de dormir la nuit et de travailler le jour. Travailler non pas en courant ni avec nonchalance, mais en respectant les rythmes naturels. Je pense qu'il est en effet fondamental de résister à la vitesse et au bruit auxquels nous soumet si violemment la société. La vitesse n'est pas un état normal. Elle engendre du stress au nom de l'efficacité, et cela contredit les sagesses de la nature qui évolue dans une certaine lenteur. *Carpe diem*, écrivait Horace : « cueille le jour. » On en parle encore, sinon plus que jamais.

La sagesse a également beaucoup à voir avec l'étude et les rencontres. Quand j'étais enfant, nous vivions près des Abénaquis et des Micmacs. Nous les observions beaucoup et j'étais très impressionné par leur rapport au temps. Par exemple, quand une petite Amérindienne nous demandait l'heure, elle disait : « Est-ce que je peux emprunter votre temps ? » Cela semble banal, mais traduit tout le contraire de notre acharnement moderne à « sauver du temps » comme si le temps nous appartenait. En fait, il nous appartient si peu qu'on ne sait pratiquement rien de l'avenir et ce qui a lieu dans le présent passe comme les vagues d'un fleuve. Ce qui reste, c'est le fond, le lit du fleuve, le « chenal » disait mon père. Plus tard, à titre d'historien, j'ai eu la chance de côtoyer d'autres cultures. J'ai enseigné en Afrique, au Japon et, mine de rien, on fait des comparaisons. On se laisse influencer par ce qui nous paraît plus proche des vérités de la vie, et ce n'est pas toujours en accord avec notre civilisation occidentale marquée par de multiples pressions. Les Africains, par exemple, sont infiniment moins motorisés que nous et leur démarche n'a rien de la course. Si l'on y pense bien, la marche régénère tout en nous permettant d'avancer vers le but visé, tandis que la course épuise. Quand tu *mets un pas dans tes pas*, comme l'écrivait Saint-Denys Garneau, autrement dit quand tu marches au lieu de courir, tu peux penser tranquillement, observer tout autour, voir qui tu croises, préparer un terreau à la créativité. C'est un exercice d'équilibre tout à fait contraire à l'affolement.

L'efficacité silencieuse

Dans une société marchande comme la nôtre, il faut produire beaucoup et le plus rapidement possible pour l'emporter sur le concurrent. Heureusement, malgré la société marchande, une minorité résiste, un petit reste s'intériorise parmi la majorité qui s'énerve. C'est ce qu'on voit souvent dans la contre-culture de la gauche, chez les environnementalistes, chez les artistes, chez les mystiques, chez les gens qui adhèrent à de fortes valeurs spirituelles ou morales. Bien sûr, les mouvements minoritaires qui prônent une certaine sagesse finissent souvent par être assimilés par les instances marchandes mais, entre-temps, ils en ont influencé quelques-uns, et leur philosophie poursuit sa route. À mes yeux, je l'ai souvent mentionné et je le crois profondément, ce sont les artistes qui sauvent le monde. Qu'on pense aux œuvres du textile de Micheline Beauchemin, maître de la haute lice, ou encore à des sculpteurs comme Armand Vaillancourt ; ce sont des gens qui marchent dans le temps. La création est un lent processus auquel obéissent les artistes à l'inverse du journaliste qui court après le *scoop* dans le but d'alimenter la curiosité populaire. Toute la société contemporaine est engagée dans le numérique et le quantitatif. Or les chiffres ne réfléchissent pas et ne font pas toujours bon ménage avec la qualité. Vive ceux qui résistent : les poètes, les spirituels, les artistes ! Ils ne crèvent pas les écrans et ne font pas les titres des journaux, mais un jour ou l'autre, on lit leur texte, on écoute leur musique, on retourne voir leurs toiles… et on se trouve alimentés en profondeur. Moi, je crois beaucoup à l'efficacité silencieuse des gens qui consacrent une grande part de leurs énergies au service d'une valeur profonde sans que la société n'en parle. Ce sont des héros qui n'ont que faire de la publicité, de la renommée ou de la popularité.

Le pas des autres

D'ailleurs, c'est l'ouverture aux autres qui contribue le mieux au bonheur. Par exemple, je croise beaucoup de bénévoles ces temps-ci et ce sont des gens tout à fait joyeux. Le bénévolat est une thérapie en soi. Il tâte de la gratuité et c'est ce dont le cœur a le plus besoin. Le don se pose à l'envers des valeurs marchandes, c'est le partage des surplus et ça n'a pas de fin. On ne paye pas pour admirer les fleurs d'un champ. Le bénévolat, c'est un peu créer des bouquets de fleurs dans un monde mécanisé. Au Moyen Âge, c'étaient les cathédrales qui s'élevaient vers le ciel, maintenant, ce sont les banques. Et les banques qui augmentent leurs profits de façon exponentielle, sont désertes. Elles n'ont plus d'employés qui te disaient bonjour derrière un comptoir et t'aidaient gentiment à régler tes affaires. Aujourd'hui, pour ce faire, tu te rends au guichet automatique et tu règles tes affaires mécaniquement. Il y a des trésors qui se perdent dans tout ça, qui ont un rapport direct avec le contact humain. On pouvait rencontrer une âme sœur en faisant la queue dans une banque! Ce qu'on gagne désormais en profit, on le perd en termes relationnels. Moi, je suis un écrivain. L'univers du livre cède de plus en plus à l'espace numérique. L'Internet remplace l'objet livre qu'on tenait pour si précieux sur la table de chevet ou une étagère de la bibliothèque. Enfin, je pense qu'on perd aussi le sens des rites. En tout cas, j'envie un peu les Juifs qui pratiquent le *shabbat* en famille. Un repas de réjouissance, de rencontre et de réflexion autour d'une parole transcendante. Un arrêt qu'on fait ensemble dans le temps. Il faut des rites pour nous obliger à ralentir. Quand la religion faillit à proposer des rites alléchants, il reste ceux que nous offrent les arts par le biais des festivals par exemple. C'est parfois magnifique de voir une foule écouter un opéra sur l'esplanade de la Place de Arts ou fraterniser en écoutant du jazz dans la rue.

« Un temps pour tout »

Cependant, les humains que nous sommes n'ont pas seulement besoin d'être alimentés par les arts ou les rites. Ce qu'il y a de plus riche en nous a aussi besoin de silence et de solitude : penser, réfléchir, imaginer, se souvenir, créer. Nous sommes tous porteurs d'un univers spirituel dans lequel on n'entre pas sans certaines clés. Ce n'est pas par hasard que nous soyons séduits par les pratiques spirituelles orientales telles que le yoga, la méditation ou par les longs pèlerinages dont chaque pas fait avancer dans des questionnements fondamentaux. Il n'y a pas de profondeur sans silence ni, peut-être, de créations durables qui n'y puiseraient pas. Tout le monde possède cette richesse qu'est la spiritualité. Encore faut-il la mettre en œuvre en ralentissant, en se mettant à l'écart de l'effervescence pendant un moment. Et en s'inspirant de la nature. Pour initier les enfants à la spiritualité, il est probablement plus efficace de les conduire à la fenêtre pour observer le ciel que de leur apprendre le Notre Père. Il y a un temps pour tout, disait Qoélet. Qui sait si les parents qui pénètrent jour après jour le mystère où croissent leurs enfants ne sont pas eux-mêmes sur l'un des meilleurs chemins de la spiritualité ?

La santé, un travail sur soi-même

ARNAUD DESJARDINS

Arnaud Desjardins est né en 1925. Réalisateur à la Télévision française pendant vingt-deux ans, grand reporter en Asie, membre de la société des explorateurs français, il se fait connaître dans les années soixante par une série de reportages inédits sur le bouddhisme tibétain, les ashrams hindous, les monastères zen du japon et les confréries soufies d'Afghanistan, ainsi que par ses premiers ouvrages, *Ashrams, Les Yogis* et *Les Sages* et *Le Message des Tibétains*.

Ses rencontres avec les maîtres des différentes traditions lui permettent d'approfondir sa propre quête spirituelle jusqu'au jour où il s'engage auprès de celui qui deviendra son maître, Swâmi Prajnanpad. Durant neuf années consécutives, il effectue auprès de ce maître Bengali des séjours réguliers jusqu'à ce qu'une transformation radicale s'opère en lui.

En 1974, à la mort de Swâmi Prajnanpad, il estime devenir enfin le disciple de ce maître, n'étant jusque-là qu'un élève ! il se retire dans le centre de la France pour partager avec quelques lecteurs de ses livres son expérience et assumer à son tour le rôle de guide.

L'ivraie et le bon grain de nos sociétés occidentales

On serait malvenu, même au nom de valeurs traditionnelles qui ont fait leurs preuves, de déclarer totalement malsaine la société occidentale qui prolonge la vie humaine, guérit de multiples maladies autrefois fatales, a révolutionné l'accès aux conaissances recherchées, qui met également en place des programmes visant une plus grande justice sociale et le respect des droits de l'homme et qui se préoccupe de plus en plus d'écologie. Globalement, nos sociétés ont accompli des progrès indéniables sur les plans matériel, scientifique et technologique. Mais en fait, notre jugement sur la société diffère radicalement selon qu'on porte le regard sur ses avancées concrètes ou sur la dimension spirituelle de l'existence humaine en regard des valeurs dominantes. La recherche de rentabilité, la poursuite de la performance, la course au profit, la productivité et la compétition auxquelles soumettent les politiques économiques, de même que le souci du prestige, l'individualisme et la survalorisation du loisir auxquels conduisent massivement les facilités technologiques risquent malheureusement de maintenir l'existence des individus à un niveau superficiel. À long terme, la qualité des relations humaines se trouve reléguée au second plan de même que l'approfondissement spirituel si nécessaire à la santé physique et psychique. Autrement dit, la société occidentale représente à la fois une réussite formidable et un échec lamentable selon le sens qu'on attribue à l'existence. Ceux pour qui la finalité d'une vie se limite à tirer son épingle du jeu en accédant au maximum de pouvoir, de richesse et de plaisir traversent une époque rêvée pour autant que les circonstances les favorisent. Cependant, toutes les grandes traditions spirituelles de l'histoire proposent l'idée d'une possible transformation de l'être et des communautés humaines, le plus souvent associée à un au-delà de la mort physique. Il s'agit d'une perspective spirituelle ou d'une sagesse suivant laquelle la poursuite du bonheur s'alimente à des valeurs tout autres. Dans cette perspective, nous sommes loin de la réussite.

La santé

Le concept de la santé est très complexe et fait appel à plusieurs dimensions de la personne humaine. Le corps a ses lois strictement physiques et bien que certaines pratiques de sagesse puissent les influencer, il n'en demeure pas moins que des yogis célèbres meurent d'un cancer ou soient affligés de fragilités diverses. On sait par ailleurs que la santé corporelle et les mécanismes psychiques sont fortement liés, mais le travail psychique demande certains efforts, une grande humilité et s'échelonne sur une vie entière. On reconnaît aujourd'hui que des pratiques telles que la méditation, le silence intérieur ou le yoga, entre autres, jouent puissamment en faveur de la transformation personnelle même dans un contexte profane et positivement sur les processus physiologiques. Rien ne garantit absolument la santé jusqu'au dernier soupir mais, grâce à des instruments de plus en plus sophistiquées, on a pu vérifier sur des écrans à quel point un certain travail sur soi-même favorise la paix intérieure, elle-même impliquée dans les divers équilibres psychophysiologiques. En particulier, apprendre à gérer ses émotions et à libérer les séquelles de vieilles blessures transforme profondément les relations interpersonnelles, économise beaucoup d'énergies et, en cas de maladie, cette énergie disponible contribue aux processus de guérison. Bref, la connaissance de soi permet non seulement de gagner en sérénité et en compassion, mais aussi en bien-être physique. Si travailler à la connaissance de soi relève d'approches philosophiques et pratiques millénaires, cela exige encore et toujours une bonne discipline de vie, beaucoup de vigilance et une patience à toute épreuve surtout à une époque qui non seulement permet mais valorise la facilité et le tout tout de suite.

« Connais-toi toi-même »

De nombreux séjours en Asie m'ont permis de découvrir des communautés hindoues, soufies ou bouddhistes qui, indépendamment de leur statut socioéconomique, rayonnent la joie de vivre, la sérénité et l'entraide spontanée entre ses membres et envers quiconque croise leur chemin. En particulier, j'ai pu largement bénéficier, particulièrement en Afghanistan entre 1959 et 1973, du sens de l'hospitalité des musulmans qui, dans la majorité des cas, n'ont rien à voir avec l'islamisme politique. Ces sociétés profondément inspirées par les antiques sagesses orientales sont imprégnées du sens de la solidarité, et leur idée du bonheur ne va pas sans concevoir un au-delà de la réalité visible. Le sens du sacré, du transcendant se reflète dans la qualité des relations interpersonnelles, leur respect de la nature et la joie que leur procurent les choses les plus simples. Cette tendance vers une recherche en profondeur du sens de la vie et de la mort n'est pas absente, à titre individuel, de nos sociétés occidentales mais elle va à contre-courant des pressions sociales qui détournent avec fracas de la réflexion sur les finalités des préoccupations métaphysiques, bref de la recherche spirituelle qui ne saurait se passer de silence, de solitude intentionnelle et, admettons-le, d'une certaine ascèse. Par exemple, on constate au Québec comme ailleurs une crise des vocations sacerdotales mais, en revanche, un certain nombre de jeunes continuent de frapper aux portes des monastères. Cela témoigne d'une soif spirituelle et de recherche de valeurs autres que les valeurs dominantes, des valeurs qui, finalement, fixent leurs racines dans l'acceptation d'une Transcendance quel que soit le nom qu'on donne à celle-ci.

Dans toutes les traditions spirituelles qui ont survécu aux époques, aux désastres et aux vogues momentanées, la voie royale de la recherche spirituelle passe par la réflexion sur les finalités de la vie humaine et par la connaissance de soi. L'inscription « Connais-toi toi-même » au fronton du temple d'Apollon à Delphes ne renvoie pas simplement au fait d'être au courant de ses goûts, de ses habitudes ou de ses préférences politiques, mais au fait de déchiffrer de plus en plus profondément comment fonctionnent nos propres émotions, ce qui les déclenche même dans les zones inconscientes et ce, pour en venir à les mieux gérer puis à les dépasser. C'est ce que nous démontrent certains maîtres hindous comme Swâmi Prajnânpad de qui j'ai personnellement beaucoup appris relativement à la connaissance de soi compte tenu des dynamismes latents qui habitent notre subconscient. Dans l'esprit de Socrate à qui l'on attribue particulièrement cette directive donnée par tous les sages, la connaissance de soi fait surtout appel à la réflexion sur les finalités que chacun se donne et sur les valeurs que celles-ci lui commandent d'incarner. Dans ce double sens, la connaissance de soi n'a rien de narcissique puisqu'elle vise la croissance indéfinie de la compassion, du respect de l'altérité et de la disponibilité aux valeurs qui transcendent l'ego et permettent l'amélioration du milieu où se déroule notre existence. Nous sommes tout près ici de la notion de santé, car les énergies que libèrent la prise de conscience de nos anciennes blessures et la maîtrise progressive de toutes nos émotions peuvent être utilisées par l'ensemble de l'organisme psychosomatique pour promouvoir la santé dans ses dimensions physique, physiologique, émotionnelle, mentale et spirituelle ce que l'enseignement du *vedanta* désigne comme les revêtements du Soi ultime.

Cette recherche à contre-courant des valeurs dominantes n'est pas tant un combat qu'une aventure plus ou moins solitaire qui consiste à adapter patiemment sa pensée, ses décisions, ses travaux dans le sens de l'être plutôt que dans celui de l'avoir ou du paraître. Si cette aventure multi millénaire à contre-courant des idéologies actuelles apparaît à certains névrotique ou inutile, elle procure une liberté intérieure inestimable et, finalement, une paix de l'âme qui permet de s'adapter au réel instant après instant, de faire face à l'inévitable tout en gardant la maîtrise de sa direction éthique. S'engager sur le chemin de la sagesse est un appel inhérent au message le plus profond des religions y compris bien sûr du christianisme, mais on assiste surtout aujourd'hui à l'éclosion d'une spiritualité laïque comme en témoigne le précieux ouvrage de Jacques Languirand et Jean Proulx, intitulé : *Le Dieu cosmique, à la recherche du Dieu d'Einstein*.

En conclusion, d'où que nous vienne l'inspiration, qu'elle soit de nature religieuse, philosophique ou qu'elle relève de notre adhésion à d'antiques sagesses, nous avons le choix de vivre à la surface de nous-mêmes en nous laissant ballotter au gré des suggestions de la mode ou d'opter pour une démarche de libération intérieure exigeante mais conduisant à une paix et une joie non-dépendantes des circonstances extérieures.

Plaidoyer

Une philosophie médicale
CHRISTINE ANGELARD

Le prix de l'excellence
SERGE MARQUIS

Une philosophie
médicale

CHRISTINE ANGELARD

Diplômée d'un doctorat en médecine en 1985 de l'université de Toulouse Purpan, Christine Angelard a pratiqué la médecine familiale et d'urgence en France, avant de se tourner vers la médecine holistique en 1991. Elle est diplômée en homéopathie et acupuncture. Elle a étudié la symbolique du corps humain et coanimé des ateliers sur le thème de la santé avec le philosophe et théologien Jean-Yves Leloup en 2005 et 2006. Résidente permanente au Québec depuis 2006, elle reçoit en consultation en tant que thérapeute en santé globale à Montréal. Chargée de cours au collège d'études ostéopathiques de Montréal, elle donne des formations sur la santé. Mme Angelard participe au magazine « Vivre » ainsi qu'au journal « L'ostéopathie précisément ». Elle termine un ouvrage sur l'approche globale de la santé.

La tradition médicale chinoise

Déjà dans ma formation en médecine classique, mes maîtres français nous transmettaient une vision humaniste de la santé. C'est donc dire que, d'emblée, je me suis intéressée comme eux à l'ensemble de l'Être humain. Cependant, j'ai voulu aller plus loin et je me suis mise à l'étude de la médecine traditionnelle chinoise, à l'étude de l'homéopathie, de la phytotérapie et de la symbolique du corps humain. Toutes ces approches complémentaires m'ont amené à une vision plus globale de la médecine.

C'est par la MTC (médecine traditionnelle chinoise) que j'ai découvert une approche plus philosophique de la médecine. En effet selon les préceptes de Lao Tseu : « Le but du médecin n'est pas de guérir à tout prix mais de rétablir le *QI* — c'est-à-dire l'énergie vitale — afin que la vie ou la mort soient atteintes selon la pente naturelle du patient. » Voilà une idée qui donne tout son statut de *sujet, d'individu* à la personne traitée et suscite une indispensable humilité chez le clinicien. Celui-ci, selon l'optique de la MTC se met au service de la vie telle qu'elle se déroule dans toute la personne du patient dont les pieds sont ancrés dans la matière, et la tête tendue vers le ciel, vers l'invisible, l'impalpable.

L'homme dépend aussi de tout ce qui l'entoure : le climat, ses ancêtres, l'alimentation et la socioculture de son époque.

Si l'on ne trouve pas de lésion concrète quelque part ou d'anomalies décelables, on ne se contente pas de dire au malade que son problème est « psychologique ». On va plutôt essayer de comprendre comment tourne chez cette personne la roue de la vie, ou, dit autrement, comment fonctionne chez elle la loi des cinq éléments. Où est le blocage du QI ? Où la circulation de Vie est-elle arrêtée ? Une des grandes richesses de la MTC c'est d'avoir trouvé des correspondances émotionnelles aux organes, mais aussi des correspondances de goût, de couleur, de saisons, d'éléments, etc. Ainsi, en MTC on pense que la tristesse affecte les poumons (associés au métal), que le manque affecte le foie (associés au bois), que le raisonnement ou le sens de la mesure concerne la rate (associée à la terre), que la peur mais aussi la volonté affectent les reins (associés à l'eau) et, finalement, que la joie ou l'amour stimulent le cœur (associé au feu).

La MTC s'inspire de cette loi depuis plus de 5 000 ans… Le respect de la globalité de la personne en consultation, c'est-à-dire faire l'anamnèse de son problème, l'écouter, l'observer, l'examiner conduit à des consultations qui durent une bonne heure. Nos anciens maîtres nous ont appris cela sur les bancs de la faculté : anamnèse, inspection, auscultation, palpation. Puis viennent les examens complémentaires si nécessaires. De nos jours, on fait toujours plus vite par mesure d'économie, alors qu'il serait probablement plus économique socialement de soigner les patients plus en profondeur. C'est ce qu'on fait en médecine chinoise, en homéopathie, en médecine humaniste en général ! En MTC, par exemple, on interroge la personne, on prend ses pouls, on tient compte de ses émotions ; on examine les interactions du yin et du yang pour déceler d'éventuels blocages de l'énergie vitale. Un individu qui perd son emploi, ou qui traverse un deuil subit un choc susceptible de jouer sur sa santé. Quand on sait cela, on ne soigne pas seulement son ulcère d'estomac ou son insomnie, le cas échéant, mais aussi son stress. D'où l'importance pour les médecins d'avoir plusieurs cordes à leur arc plutôt que de s'en tenir uniquement aux effets curatifs de la chimie ou d'en rester à l'étude cartésienne d'un seul organe. Cela ne veut pas dire que tous les médecins doivent pratiquer l'acupuncture ou doivent être phytothérapeutes, mais au moins qu'ils soient ouverts à l'existence et aux effets potentiels de telles approches.

Descendre du piédestal

Chacun doit être très conscient de ses limites. Ni les médecins, ni les patients ne doivent tenir le professionnel pour un dieu. Ne pas remettre tout son pouvoir, toute son essence à quelqu'un d'autre ! Et par ailleurs puisqu'il paraît clair qu'on ne saurait englober l'ensemble de ce qui fait une personne humaine dans une seule approche, nous devrions retrouver l'humilité et l'ouverture d'esprit pour recourir à d'autres approches. Dans le domaine de la santé, le sectarisme est une véritable plaie, qu'il soit le fait des médecins, des intervenants en sciences humaines ou des tenants des médecines douces. Il est aussi dangereux de croiser un « gourou » qui a « le pouvoir de vous guérir » que de rencontrer un médecin qui ne veut pas vous entendre dans votre recherche d'autres voies complémentaires pour vous sortir du problème.

La compétence ne consiste plus seulement à exceller dans son propre domaine mais aussi à connaître les disciplines complémentaires afin de diriger judicieusement chaque patient vers d'autres avenues pertinentes. Par exemple, certains malades inscrits en chimiothérapie gagnent à recourir à l'acupuncture, ou à la phytothérapie puisque les plantes comportent des molécules curatives souvent remarquables et trop mal connues ; et si elles sont bien utilisées, elles n'auront pas les effets secondaires des molécules chimiques qui essaient d'ailleurs de copier la nature.

Dans ma pratique, je rencontre des médecins, spécialistes ou généralistes, qui se montrent très ouverts à d'autres approches et n'hésitent pas encourager leurs patients à poursuivre d'autres cures quand celles-ci semblent fonctionner. En revanche, je rencontre aussi des patients à qui leur médecin a clairement déclaré qu'il ne veut rien entendre à propos de tel ou tel recours en médecine douce sous prétexte qu'elle ne fait pas partie de son savoir. Je trouve en cela un manque de respect profond pour son patient ; et une certitude inquiétante quant à son savoir pour le médecin qui tient de tels propos : dès l'instant que l'on reste arrêté sur ce que l'on sait, il me semble qu'on ne progresse plus. La science en général n'a progressé qu'en allant sur l'ouvert, sur ce qu'elle ne connaît pas encore.

C'est pourquoi, il importerait grandement que les formateurs s'intéressent de près à la communication entre les diverses disciplines de la santé, et aient une attitude d'ouverture plutôt que de fermeture acharnée.

De même, il est aussi important d'encourager la prudence et le bon sens chez les patients qui consultent en médecine douce pour qu'ils obtiennent des garanties sur la formation de tel ou tel intervenant.

J'ai déjà eu le plaisir de collaborer de diverses façons en France avec un psychiatre qui ne voulait pas « surdoser » ses patients d'antidépresseurs ou d'anxiolytiques. C'est une manière d'obtenir de très bons résultats.

Par ailleurs je crois aussi beaucoup à l'ostéopathie qui peut aller débloquer des structures figées à l'intérieur du corps, à la suite d'un quelconque traumatisme, tant physique que psychique et re-permettre ainsi la circulation de l'énergie de vie qui était bloquée à un certain niveau dans le patient.

Un pacte relationnel

Quoi qu'il en soit, dans une consultation, trois instances sont présentes : le patient, le clinicien et la relation entre eux. Si la confiance n'est pas là, il y a beaucoup moins de chances que la consultation soit efficace. Il m'arrive même de penser que la confiance importe encore plus que le traitement. À l'inverse, prendre un médicament ou subir une intervention chirurgicale à contrecœur entraînera des effets secondaires certainement négatifs. Croire en l'efficacité de la médication ou du traitement, faire confiance à son médecin augmentent d'au moins 50 % les capacités de la guérison. C'est l'énergie du cœur qui intervient dans tout processus de guérison. On est à la veille d'expliquer cela de façon rationnelle grâce notamment à des recherches tant en neurophysiologie qu'en cardiologie avec notamment les phénomènes de cohérence cardiaque.

J'ai eu une première leçon en Médecine, sur la confiance et les certitudes acquises au tout début de ma pratique dans un hôpital toulousain où avait lieu mon stage en externat. On m'avait confié le suivi d'un patient obèse et affligé de problèmes vasculaires qui allait subir une grave chirurgie de l'intestin par un professeur de grande renommée. Au début de l'opération à laquelle j'assistai, alors que le patient était endormi, le chirurgien que ce patient tenait pour un dieu a dit une petite phrase anodine, mais drôle et un peu hors contexte. Le lendemain, alors que je visitai le patient qui avait passé une assez bonne nuit, il me dit : « Hier je ne dormais pas pendant l'opération. J'ai bien entendu que c'était le Professeur E qui m'opérait ! » Évidemment, je commençais à ne pas le croire, mais il se mit à me rapporter « la » petite phrase hors contexte et drôle que ce chirurgien avait dite au début de l'opération…

De deux choses l'une : ou bien ce patient a vécu une sortie de son corps et a pu observer la chirurgie, ou bien il a perçu la petite phrase du chirurgien avant d'être anesthésié complètement. Je crois que les deux phénomènes sont possibles. On compte trop de témoignages de sorties de corps (**N**ear **D**eath **E**xperience) pendant des chirurgies ou dans d'autres circonstances de perte de contrôle pour rester indifférent à ce phénomène. Aussi des médecins, des neurologues et des scientifiques s'y intéressent-ils maintenant.

Mais à l'époque (plus de 25 ans) lorsque je demandais des éclaircissements sur le « comment est-ce possible » à un des médecins de l'équipe, il me fut répondu que « ce n'était pas possible, il n'avait pas pu entendre ça. » Sauf que moi aussi j'y étais à l'intervention, que je l'avais entendue, et que le patient qui « dormait » l'avait lui aussi entendue. À la fois j'étais ébranlée sur les connaissances arrêtées de l'époque quant aux phénomènes inexpliqués de la médecine et en même temps ce patient dont le pronostic était des plus négatifs compte tenu de ses antécédents médicaux avait une confiance absolue dans sa guérison, car c'était « le grand patron » lui même qui l'avait opéré. Mon malade avait trouvé la confiance… et moi le doute !

Patience et longueur de temps

Nous vivons dans une société qui pousse sans cesse à la rapidité. Pourtant, si vous examinez une cellule au microscope, vous remarquez à quel point le mouvement de la vie est lent. Nous agissons donc à contre-courant de notre nature. Tout le monde reconnaît maintenant que la méditation, les exercices respiratoires, la prière, la marche consciente sont autant d'activités lentes qui calment le cerveau limbique où se trament les émotions, augmentent la résistance au stress et renforcent le système immunitaire. Tout cela joue par ailleurs sur la digestion et sur la qualité de notre sommeil. Autrement dit ralentir, c'est vital pour tout le monde même si, sur un plan clinique, chaque personne doit être considérée dans son unicité. Je dis souvent à mes patients : « Il y a le chirurgien, ou l'acupuncteur, ou le cancérologue ou… et puis il y a le médecin-chef : il est à l'intérieur de vous ! » C'est inimaginable, par exemple, qu'on ose dire à une personne qu'elle a cinq ou six mois à vivre. Personne, en fait, ne le sait. Confondre les personnes avec des statistiques, c'est carrément les dessaisir de leur propre essence, de leur individualité. C'est un abus de pouvoir inconcevable. On peut donner un pronostic sévère parfois certes, mais on ne sait jamais ce qui peut surgir d'un être humain à la faveur d'un événement ou d'une attitude, et en tout cas certainement pas prédater la mort d'un autre humain. La mort comme la naissance a un mystère qui échappe à nos statistiques

Finalement, si la médecine acquiert tous les jours de nouvelles connaissances, elle ignore encore la source de certains phénomènes. Si l'on pense par exemple à la transmission transgénérationnelle d'anciennes souffrances tenues secrètes et qui finissent par se traduire sous forme d'affections cliniques chez l'un ou l'autre des descendants. J'en veux pour exemple le cas de ce petit garçon affligé d'un eczéma au cou dont aucune crème ou médicament ne venait à bout jusqu'à ce que je découvre, en interrogeant sa mère, que son arrière-grand-père s'était pendu par désespoir. On a étudié des masses de dossiers qui font état de ce genre de phénomènes où un secret ou une douleur se transmet de génération en génération pour « sortir » de façon quasi mathématique x générations plus tard sous forme clinique. Ce sont notamment les travaux d'Anne Ancelin Schützenberger, créatrice du concept de psychogénéalogie qui nous ont ouvert cette voie là.

Ce n'est là qu'un champ d'investigation parmi tant d'autres qui montre l'importance de pratiquer une médecine ouverte aux recherches extramédicales et à des clés de compréhension des maladies qui débordent nos certitudes acquises. On en revient toujours à cette attitude essentielle qu'est l'humilité, l'attention et l'ouverture à l'autre dans le domaine de la médecine, du soin. Rester dans l'accueil, et dans l'ouvert, avec le maximum de ses compétences, mais avoir conscience aussi que le maximum de nos compétences n'est peut être pas le maximum des capacités d'évolution et de régénération de l'Individu.

Le prix de l'excellence

SERGE MARQUIS

Serge Marquis a complété ses études de médecine en 1977. Dès l'année suivante, il s'intéressait à la médecine du travail. Il complétait d'ailleurs une maîtrise en médecine du travail au London School of Hygiene and Tropical Medicine en 1980. Il est devenu spécialiste en santé communautaire en 1982. Depuis plus de vingt-cinq ans, il s'intéresse à la santé des organisations. Il a développé un intérêt tout particulier pour le stress et l'épuisement professionnel. Il est intervenu dans de nombreuses organisations publiques et privées à titre de consultant, formateur et conférencier. Il a également soigné un grand nombre de personnes devenues dysfonctionnelles au travail. En 1995, il a mis sur pied sa propre entreprise de consultation dans le domaine de la santé mentale au travail, entreprise appelée : T.O.R.T.U.E. Il agit également comme consultant pour de nombreuses organisations du secteur privé et des réseaux de la santé et de l'éducation. Il est l'auteur avec Eugène Houde d'un livre intitulé *Bienvenue parmi les humains*.

Un écheveau à démêler

Quand je pratiquais la médecine familiale, je recevais des patients affligés d'un mal d'estomac, de problèmes de peau ou d'autre chose. En discutant, ils en venaient à me parler de leur stress, de leurs tensions psychiques ou de certaines difficultés relationnelles. De fil en aiguille, au début des années 1980, j'ai noté que de nombreux patients expliquaient leurs problèmes de santé par des changements dans le milieu de travail.

J'étais intrigué mais fort intéressé parce que, habituellement, un travail se déroule entre quatre murs, sur un plancher, sous plafond et en relation avec d'autres personnes. Il est donc possible de retracer dans la vie quotidienne d'un employé ce qui, exactement, contribue à son problème de santé. J'ai donc décidé de pratiquer la médecine dans le créneau très particulier de la *santé mentale au travail*, une expression qui fait encore peur en raison des préjugés qui s'obstinent malgré tous les efforts pour élargir ce concept. Tous les problèmes de santé mentale, en effet, n'équivalent pas à la perte totale de l'équilibre ou du contrôle personnels. Il peut tout aussi bien s'agir d'une sérieuse baisse de rendement, d'un sentiment permanent d'inaptitude, d'un ras-le-bol généralisé, d'une perte de confiance en soi, d'une fatigue persistante qui n'a rien à voir avec le manque de sommeil ou encore d'une dégradation des relations interpersonnelles dans la famille, le couple ou l'environnement social. On parlera volontiers de *burn-out* quand l'employé est forcé au congé, mais on parle aussi de *burn-in* ou de *présentéisme* quand il s'accroche au travail envers et contre tout.

En somme, il y a presque toujours un écheveau à démêler quand une personne ne va pas bien et, malheureusement, on ne consulte pas toujours à temps.

De la musculature aux neurones

Les compagnies d'assurance, particulièrement grugées par le problème de l'absentéisme, ont sonné l'alerte en termes statistiques. Entre 1980 et 1997, le taux d'absence prolongée (trois mois et plus) associée à des troubles psychiques est passé de moins de 2 % à près de 40 % et actuellement dans certaines organisations, à 70-75 %. Cette constante progression interdit de nous enfouir la tête dans le sable. Qu'on le veuille ou non, de plus en plus de personnes sont malheureuses au travail ; elles n'arrivent plus à donner du sens à ce qu'elles font, et leur détresse se reflète dans l'ensemble de leurs activités et de leurs relations. Il y a donc péril en la demeure et, par conséquent, une urgence de comprendre le phénomène et d'instaurer des solutions.

Dans le domaine du travail, la perte du sens est puissamment illustrée par l'expérience de plusieurs infirmières. À l'âge de l'adolescence, particulièrement propice à la rencontre des valeurs sur-individuelles, elles se sont fait une image de ce métier empreint d'humanisme et de compassion. Elles se voyaient soigner avec douceur, encourager les patients, accompagner les plus souffrants. Or, la réalité est tout autre. Si le contexte professionnel brise carrément leur idéal, leur sentiment d'identité lui-même et leur cohérence intérieure en prennent un sérieux coup. La plupart du temps, la détresse psychologique associée au travail relève de l'organisation et de la charge de travail.

Peut-être les changements ont-ils été trop brusques également. Reculons d'à peine cent ans : moins de 7 % des gens étaient sollicités intellectuellement pour faire leur travail. La très grande majorité gagnait le pain en cultivant la terre, en coupant des arbres ou en mettant l'épaule à la roue industrielle. À la tombée du jour, on pouvait voir objectivement le résultat de son travail. Les fruits étaient tangibles. Aujourd'hui, c'est une proportion de

75 % qui gagnent leur pain en travaillant de la tête. Une vraie révolution! Des entorses, des bursites, des tendinites ou des accidents de travail, on est passé aux tensions nerveuses, à l'anxiété,
à la déprime, bref à la détresse psychologique. D'autant plus que
les charges de travail tendent constamment à augmenter et que la
concurrence imposée par la mondialisation pousse à « faire toujours plus avec moins ».

Les exigences du progrès sont-elles humaines ?

Il est abondamment question de réorganiser le travail et, pour ce
faire, on fait appel entre autres aux nouvelles technologies. Les
ordinateurs et le réseau Internet ont carrément bouleversé le
rythme du travail. C'est un progrès, bien sûr, mais il exige de
l'employé qu'il augmente son rendement : on s'attend à des réponses plus rapides, à la gestion accélérée de plus gros dossiers et
à une incessante mise à jour des connaissances techniques.
Même un marteau-piqueur demande aujourd'hui de l'utilisateur
qu'il digère un manuel d'instruction de plusieurs pages parce
que cet outil, dorénavant muni d'un microprocesseur, exige un
maniement plus sophistiqué. Autrement dit, on doit non seulement maîtriser de nouvelles technologies mais intégrer une
grande quantité d'informations. Personnellement, je ne pense
pas que tout le monde peut constamment s'adapter à un rythme
et à un savoir-faire de plus en plus exigeants ; il suffit de nous
rappeler comment nous nous sentons quand on essaie de comprendre le mode d'emploi d'un nouvel appareil vidéo. Or, les
milieux de travail ne font pas toujours la distinction entre les capacités particulières des employés comme, par exemple, les milieux scolaires tiennent compte du rythme d'apprentissage des

élèves. En somme la charge de travail mental et son rythme accéléré sont des facteurs de risque : on n'a moins de temps pour participer aux décisions qui nous concernent ; on va toujours au plus pressant et on perd de vue le sens de ce qu'on fait.

Qui dit facteurs de risque pense à la perte des facteurs de protection : le soutien mutuel, l'entraide, la compréhension, le partage des tâches. Nous n'avons plus de famille élargie ni de chaleureux rapports de voisinage. La solidarité ne court pas les rues et les familles réduites ne permettent pas que des aînés soutiennent les plus jeunes. Là aussi, on traverse un éclatement qui isole les individus.

Il n'est pas question de retourner en arrière. C'est évident, le progrès va se poursuivre, mais on doit constater et essayer de pallier ses effets pervers. Je pense en particulier aux valeurs. Ce sont les valeurs qui donnent du sens à nos décisions, à nos projets, à nos parcours professionnels, à notre vie finalement. Or, une bonne part des interpellations éthiques et des sens donnés à l'effort, à la souffrance, à la mort ont disparu en même temps que les croyances religieuses. Là non plus, il n'est pas question de retourner en arrière, mais vient toujours un temps où les questions existentielles surgissent : on se demande où on s'en va comme ça et quels sens éclairent notre vie. Si on ne trouve personne avec qui réfléchir à de telles questions, ni soutien pour se remettre en équilibre, ni moyens d'échapper au carrousel, on risque de tomber dans la détresse psychologique. Je touche ici un thème fondamental : n'y a-t-il que le travail, le métier ou la profession qui nourrit le sentiment d'identité d'une personne ? Quand on rencontre quelqu'un pour la première fois, on lui demande spontanément ce qu'il ou elle fait dans la vie et pour s'« identifier », la personne répond évidemment : « Je suis plombier, ou j'enseigne, ou je pilote des avions, ou je suis médecin. » Si un homme répondait « je suis un père », il y a fort à parier que l'interlocuteur serait pour le moins surpris! On se définit tellement par le travail que la retraite devient une vraie menace pour l'équilibre interne : après deux ou trois mois d'euphorie, on risque de tomber dans le vide et, quand c'est le cas, on recourt aux médicaments, à la drogue ou à l'alcool.

Vivement des solutions !

Tout n'est pas sombre dans l'univers du travail, mais comme je suis médecin, ce sont surtout les problèmes qui retiennent mon attention. Je vois néanmoins que des chefs d'entreprise ont véritablement à cœur le bien-être de leurs employés et ceux-là font appel à des gens compétents ou des programmes prometteurs pour mettre en place des conditions favorables. D'autres laissent tout simplement parler les chiffres et quand la facturation de l'absentéisme gruge les profits, ils réagissent. Il me semble que le premier besoin à combler dans les milieux de travail réside dans l'écoute de ce qui ne va pas. Certains patrons déploient spontanément cette attitude; d'autres l'attribuent à titre particulier soit à un membre du personnel, soit à un spécialiste. On s'évite beaucoup de problèmes quand on réserve aux employés un espace de dialogue.

Quoi qu'il en soit, il est d'autant plus urgent de modifier la situation, c'est-à-dire de diminuer les facteurs de risque, que les impacts du mal-être au travail se répercutent sur tout l'environnement social du travailleur concerné. Quand on rentre chez soi brûlé par la charge de travail ou asséché par le climat désertique d'un bureau, on peut difficilement offrir quelque disponibilité au conjoint ou aux enfants. On aura tendance à ne pas voir les yeux vitreux de l'ado qui vient de s'initier à la drogue, la tristesse de l'enfant victime de *taxage* ou les petites tâches dont le partage donnerait un répit à tout le monde. Ce sont les éclats qui finissent par réveiller les parents surmenés : un coup de téléphone de l'école, une baisse dramatique des notes de bulletin, des idées suicidaires confiées à un camarade...

Le prix de l'efficacité

Ce qui risque de nous détruire, c'est notre efficacité, disait Hubert Reeves dans une conférence. On menace les espèces de poissons parce qu'on excelle à racler les océans ; on ruine la santé des travailleurs parce que la compétition exige de faire toujours plus avec moins de moyens, moins de personnes, moins de dépenses. D'ailleurs, on n'y arrive pas, et le réseau public montre de telles défaillances dans ses propres secteurs que l'apport du privé est en passe de devenir indispensable. Dans le champ de la santé, l'augmentation de la charge est proportionnelle à la lourdeur des pathologies. Par ailleurs, dans plusieurs parties du monde, grâce aux sciences médicales, l'espérance de vie augmente sensiblement, les naissances diminuent mais, en revanche, les cancers se multiplient et la maladie d'Alzheimer fait de plus en plus de ravages. Plus il y a de malades moins on dispose de gens pour s'en occuper. Néanmoins, on continue de couper des postes et à surcharger ceux qui gardent le leur. On ne sait plus où la cadence va s'arrêter et, en attendant, la détresse psychologique prend les proportions d'un fléau.

Avec les pressions accrues par le phénomène de la mondialisation, le carrousel prend de plus en plus de vitesse sans égard aux dommages collatéraux. Les choses se passent dans l'univers du travail un peu comme elles se passent dans le champ individuel. On a beau dire à l'un ou l'autre qu'il est méconnaissable, qu'il perd sa vitalité, qu'il devrait consulter... il attend pratiquement de « péter les plombs » pour demander de l'aide, mais alors, il a perdu ses capacités de concentration, de mémoire, d'attention, de vigilance quand il n'a pas carrément perdu les personnes auxquelles il tient le plus. Qu'est-ce qu'on attend sur le plan collectif pour revenir à la raison, c'est-à-dire prendre en considération d'autres valeurs que celle de l'efficacité ? Allons-nous attendre la faillite de l'humanité ? En tout cas, je ne pense pas exagérer en disant que le monde du travail est en crise. Et qui dit « crise » dit issue positive ou négative.

Savoir où s'arrêter

Je me suis beaucoup intéressé ces dernières années aux espèces menacées. On pense qu'on aura les moyens et le génie de remplacer ce que nous faisons disparaître mais c'est de la pensée magique tout comme l'infirmière ou l'enseignant se fait illusion s'il croit qu'il peut aller impunément jusqu'au bout du rouleau. Il faut s'arrêter à un moment donné, et dire « c'est assez ! Il faut que je réfléchisse aux conséquences de ma situation et que je prenne les moyens de la modifier ». La vie a pris des millions d'années à s'exprimer sous une multitude de formes absolument fantastiques et on en détruit des masses d'un coup de balai en quelques décennies. On rêve quand on pense que nous pourrons remplacer les espèces disparues. On fait trop confiance au génie humain, et on peut s'attendre à ce que le prix soit très élevé en termes de ressources vitales si l'on continue de sacrifier le potentiel humain et les richesses naturelles à l'excellence, au profit. On peut penser au prix que paient déjà certains athlètes qui ont augmenté leur performance sans égard aux conséquences physiologiques des moyens auxquels ils ont eu recours.

Il n'est pas vrai qu'on pourra solutionner tous les problèmes que nous créons dans la nature et dans les communautés humaines. Je me demande souvent quel mur nous arrêtera parce que, j'en suis persuadé, nous allons frapper un mur. C'est un peu comme si tout le monde était en train de courir un marathon. Seuls s'en aperçoivent ceux qui tombent ou ceux qui en voient tomber d'autres. Pourtant, tout le monde n'est pas apte à courir le marathon ni à grimper l'Everest. On aboutit à une sorte de société affolée. Parfois, on réussit à camoufler les problèmes que nous créons sous les apparences d'une amélioration de la qualité de vie ou des conditions environnementales mais ce faisant, on crée de nouveaux problèmes. Par exemple, les céréales sont une alternative intéressante au pétrole, mais aussitôt le phénomène découvert dans les laboratoires, on se met à épuiser les sols et à affamer les populations qui dépendent de la consommation céréalière. Il est urgent à mon avis qu'on s'arrête et qu'on se demande en quoi consiste l'excellence. Aujourd'hui, tout le monde parle d'excellence, mais celle-ci ne renvoie souvent qu'au rendement, aux bonnes notes, au dépassement des records. Combien de cadavres d'alpinistes gisent sur les flancs de l'Everest ? Combien d'endeuillés ont-ils laissé ? Jusqu'à quel prix doivent monter les enchères de l'excellence ? Or, beaucoup de milieux de travail, aujourd'hui, sans même s'en rendre compte, proposent à leurs employés un Everest quotidien. Viser l'excellence devrait toujours s'accompagner d'une conscience aiguë des limites de chacun et d'un souci égal pour l'équilibre des personnes et des sociétés. Heureux quiconque franchit le sommet de l'Everest, mais sachons que le vainqueur avait le potentiel physique et psychique d'y réussir, de même qu'un équipement et une préparation à la mesure du défi.

Pour conclure

Finalement, toute cette réflexion tourne autour d'une question probablement aussi vieille que l'existence humaine : quelles meilleures chances pouvons-nous donner au bonheur ? (Car l'envers de la détresse psychologique, n'est-ce pas un certain niveau de bonheur ?) Dans la nature, ce qui nous distingue des autres vivants et dépasse encore la connaissance scientifique, c'est le phénomène de la conscience. La conscience est un pouvoir incroyable mais pour se déployer, elle a un immense besoin de silence, de temps d'arrêt. Cela se passe en retrait du carrousel. Je ne parle pas ici de religion, mais peut-être bien de spiritualité. Au risque de me répéter, j'affirme haut et fort que la recherche de sens est essentielle au développement et à l'épanouissement de l'identité personnelle et collective. Il y a des priorités à mettre dans les valeurs et ce n'est pas en obéissant aveuglément aux leitmotive et aux stéréotypes qu'on parvient à démêler cet écheveau-là. Les enfants, c'est notoire, traversent une phase au cours de laquelle ils interrogent sans cesse : pourquoi c'est comme ça ? on fait ça pour quoi ? Dans la mesure où on prend le temps de leur donner de vraies réponses, ils finissent par apprendre à les chercher par eux-mêmes ou, quand arrive l'école, à faire de cette curiosité le moteur de leurs efforts. Mais il est des questions fondamentales auxquelles seule la conscience de chacun peut répondre : la question des sens qu'on donne à sa vie, celle des orientations éthiques qui guident nos choix et celle de nos priorités les plus fondamentales. Bien sûr, toutes les questions n'ont pas de réponse et il importe d'accueillir aussi cette limite, mais si on ne réfléchit jamais à ce qui vaut vraiment notre peine, on risque très fort d'échapper de grands moments de bonheur, car ce qui rend heureux, c'est souvent d'être le plus complètement possible présents à ce que nous faisons, à ce que nous visons comme buts dans la vie et à ceux que nous aimons. Posséder des choses matérielles, avoir du prestige, mener une carrière étincelante, rouler dans la plus performante voiture ne nourrissent en rien le bonheur durable. On pourrait penser que mes propos relèvent de l'âge : on approche de la retraite, on s'arrête et on réfléchit. Pas du tout. À titre de médecin, je puis témoigner du fait que la déprime, la détresse psychologique, la perte de sens affligent aussi bien les étudiants, les jeunes professionnels que le gens de quarante ans et ceux du troisième âge. Cela doit nous faire réfléchir aux causes sociales qui peuvent créer des contextes favorables à la détresse. C'est là l'essentiel de mon propos inspiré de mes choix professionnels : identifier les facteurs sociaux qui mettent en péril l'équilibre mental chez une population croissante.

Pour la santé

La prévention, très efficace mais encore négligée
MARTIN JUNEAU

La phytothérapie n'a pas d'âge
JEAN-LOUIS BRAZIER

L'exercice physique, une ressource efficace et gratuite
RICHARD CHEVALIER

La prévention, très efficace mais encore négligée

MARTIN JUNEAU

Le Dr Martin Juneau est cardiologue clinicien et chercheur à l'Institut de Cardiologie de Montréal. Il est actuellement directeur de la nouvelle direction de la prévention de cette institution. Auparavant il a été directeur des services professionnels de l'ICM de 2000 à 2004 et chef du département de médecine et de cardiologie de l'Institut de Cardiologie de Montréal de 1994 à 1998. Depuis 1988 il est le chef de service de prévention et réadaptation cardiaque (Centre ÉPIC) de l'ICM. Il est l'auteur de cinquante publications scientifiques dans son domaine. Il a donné plus de cent conférences scientifiques internationales sur invitation.

De la psychologie à la cardiologie

En voie d'obtenir une maîtrise en psychologie clinique pour éventuellement pratiquer la psychologie, je faisais un travail d'été à l'Institut de Cardiologie de Montréal quand je fis la découverte de la médecine. Celle-ci représentait un univers tout à fait nouveau puisque personne dans ma famille d'intellectuels n'avait effleuré cette profession. J'ai été tellement fasciné que j'ai bifurqué vers la faculté de médecine pour me spécialiser finalement en cardiologie. J'étais particulièrement intéressé par la physiologie de l'exercice puisque plusieurs études démontraient un effet très positif de l'exercice sur la santé cardiovasculaire. Après mes études de spécialité en cardiologie à Montréal, j'ai poursuivi ma formation au sein d'une équipe de recherche à l'université de Stanford en Californie pour étudier plus spécifiquement la physiologie de l'exercice appliquée aux patients cardiaques. Ce faisant, je me suis rendu compte que dans ces groupes de recherche, on s'intéressait tout autant à l'alimentation. Au cours des années 1980, il faut rappeler que la population et les médecins au Québec étaient très peu conscients des effets néfastes du *fastfood*. On était aussi très tolérant pour l'usage de la cigarette. Ce qui m'a impressionné chez les membres de l'équipe de recherche en prévention à l'université Stanford c'est que ses membres pratiquaient eux-mêmes l'exercice, ils étaient tous non-fumeurs et étaient tous végétariens ou semi-végétariens. C'est à leur contact que j'ai eu une véritable piqûre pour la prévention.

De retour ici, on m'a offert la direction du centre de médecine préventive de l'Institut de Cardiologie de Montréal, le centre ÉPIC. Nous sommes alors en 1986 : l'exercice est très peu en vogue, le taux de fumeurs atteint pratiquement 40 % et l'on ne se préoccupe pas tellement d'alimentation. Le cholestérol n'inquiète personne. Comme j'arrive d'un milieu où le cholestérol, l'alimentation, l'exercice et le tabagisme sont pris très au sérieux, mes inquiétudes passeront pendant une dizaine d'années pour une obsession de « granola » californien. Heureusement les choses allaient passablement évoluer.

La connaissance ne change pas forcément les mœurs

On peut se demander comment il se fait que malgré les connaissances récemment acquises quant aux moyens de prévenir certaines maladies graves, on note autant de négligence à ce titre dans la population en général. L'une des causes majeures tient probablement dans la publicité. Il est documenté que l'industrie de la malbouffe dépense plus en publicités en une seule journée que les gouvernements en une année complète pour des campagnes de promotion de la santé. Les pubs télévisées et les panneaux publicitaires omniprésents annoncent qu'on peut se procurer à tout moment, jour et nuit, un hamburger enrichi de bacon et de fromage, accompagné d'une frite et d'une boisson gazeuse. Ça représente une quantité énorme de calories et d'ingrédients nocifs pour la santé. Il n'est pas rare que dans la même soirée on retrouve une autre publicité sur les médicaments qui diminuent le cholestérol. Une telle aberration est plus courante aux États-Unis mais nous sommes loin d'en être épargnés chez nous. Évidemment, c'est plus facile de prendre des pilules pour diminuer le cholestérol et l'hypertension artérielle que de faire de l'exercice et de modifier son alimentation…

Je pense aussi que la médecine nord-américaine accorde trop d'importance au bilan sanguin : le taux de cholestérol par exemple. Des médicaments contre le cholestérol améliorent assez rapidement le bilan sanguin, tandis que l'exercice et les changements alimentaires le modifient très peu. De là à conclure que ces efforts ne valent pas la peine, il n'y a qu'un pas. De nombreux facteurs protecteurs contenus dans plusieurs aliments ne sont pas mesurés par les tests sanguins actuels : on pense entre autres aux antioxydants des fruits et légumes, aux effets positifs des gras oméga-3, etc. Une chose est certaine : une personne qui ne fume pas, qui fait de l'exercice presque tous les jours et qui a une alimentation de type méditerranéen diminue de 60 à 75 % le risque de maladies cardiovasculaires et de plusieurs cancers. Les médecins qui se fient exclusivement aux chiffres affichés sur un bilan sanguin feront forcément la promotion des médicaments qui diminuent le cholestérol puisque c'est là qu'ils situent le principal facteur de risque. Le résultat c'est que le taux de cholestérol sanguin peut être diminué fortement par la médication sans que le patient ait modifié ses habitudes de vie. Le risque global de maladies cardiovasculaires et de plusieurs cancers ne sera pas réduit de façon importante. Il faut donc insister sur le fait que manger méditerranéen (beaucoup de légumes, de fruits, peu de viande, des céréales, des noix, de l'huile d'olive, du poisson, un peu d'alcool...) donne des résultats plus importants en faveur de la prévention des principales maladies chroniques que les médicaments. Il faut l'admettre, malgré la progression des connaissances, la prévention par une modification profonde des habitudes de vie n'est toujours pas le courant prédominant en médecine. Les médecins sont souvent convaincus d'emblée que leurs patients ne sont pas prêts à cesser de fumer, changer leur alimentation ou entreprendre un programme d'exercices. Un des problèmes du système de santé actuel c'est que les médecins ont souvent à peine huit à dix minutes de consultation avec leur patient, ce qui n'est pas suffisant pour convaincre une personne de changer leurs habitudes de vie. Les choses pourraient être différentes si l'on disposait dans les cliniques médicales de diététistes, d'infirmières et de kinésiologues qui pourraient compléter l'information auprès de chaque patient et lui donner les moyens de passer à l'action.

L'industrie pharmaceutique

L'industrie pharmaceutique a beaucoup d'influence sur la profession médicale. En plus du démarchage normal des représentants auprès des médecins dans leur bureau, les symposiums de formation médicale continue sont subventionnés par l'industrie pharmaceutique dans 90 % des cas. Ces rencontres ont une réelle qualité scientifique, mais le contenu est presque toujours franchement orienté vers la médication. L'effet négatif de cette situation réside dans le fait que les études qui confirment les nombreux bénéfices des modifications des habitudes de vie ne sont pas diffusées. La recherche médicale et les congrès médicaux sont également très largement subventionnés par l'industrie, ce qui fait que la recherche et les conférences sur les habitudes de vie restent très minoritaires.

Le stress

Jusqu'à récemment, les cardiologues doutaient de l'importance du stress comme facteur de risque cardiovasculaire malgré une littérature médicale assez convaincante depuis plus de 30 ans. Une étude récente de grande envergure, réalisée auprès de 29 000 personnes réparties dans cinquante-deux pays a contribué à changer cette perception. Cette étude (l'étude « Interheart ») montre qu'en plus du tabagisme, de l'hypertension et d'un taux élevé de cholestérol, le stress fait plus que doubler le risque d'infarctus du myocarde. Les conclusions révèlent que l'hérédité ne serait impliquée que dans 10 % des cas. Cette étude majeure a eu beaucoup d'impact dans le monde médical. Ces résultats concernant le rôle du stress ne sont pas vraiment surprenants puisque le cerveau influence le cœur de plusieurs façons : il influence la fréquence cardiaque, la tension artérielle, de nombreuses hormones et agit par plusieurs neurotransmetteurs. En fait, plus on considère les liens entre le cerveau et le cœur, plus on réalise à quel point ils sont complexes et puissants. Évidemment le stress relève en grande partie de notre style de vie. Certains stress sont malheureusement inévitables et les recherches signalent des liens très clairs entre le niveau socioéconomique par exemple et le nombre d'accidents cardiovasculaires. Dans les régions ou les quartiers moins nantis, ces accidents et les risques de récidive sont plus nombreux également du fait que les personnes y disposent de moins de ressources pour s'alimenter convenablement ou pour réduire leurs comportements à risque.

D'autres causes de stress sont par contre reliées à nos choix de vie et un taux excessif de stress se trouve auto infligé. La poursuite de la performance, la recherche constante de promotions et les excès de consommation demandent beaucoup d'énergie. Pour réaliser ces objectifs il faut travailler plus. C'est un cercle vicieux qui, si l'on y pense sérieusement, n'est pas toujours nécessaire. Également, faire du sport est une très bonne chose mais vouloir performer au maximum au squash ou à la course à pied n'est pas forcément une garantie de santé. La quantité d'exercice nécessaire pour la santé est assez modérée, c'est-a-dire l'équivalent de 30 minutes de marche par jour.

Un avenir plutôt sombre

En 2005, 80 % des morts par maladies cardiovasculaires et cancers dans le monde se sont produits dans les pays émergents. Avec leur essor économique, la Chine et l'Inde ont commencé à adopter des habitudes de vie nord-américaines avec malbouffe, sédentarité et tabagisme. Le taux d'obésité est donc en forte croissance et on compte déjà plus de 80 millions de diabétiques en Inde. De plus, la moitié de la population adulte de plusieurs pays émergents fume. Ces facteurs de risque vont inévitablement amener une importante augmentation des maladies cardiovasculaires, alors que ces pays n'ont pas de systèmes de santé adaptés pour faire face à ces problèmes médicaux extrêmement couteux. Dans plusieurs de ces pays, il n'y a aucun système de santé financé par l'État donc accessible à tous. Les patients qui ne peuvent pas payer les soins sont laissés à leur sort. Ces pays qui font les mêmes erreurs que nous avons faites courent donc à la catastrophe sur le plan de la santé publique. Il est très difficile de faire progresser des concepts de médecine préventive dans un contexte de médecine purement privée et axée d'abord sur le profit. Récemment j'ai été invité à donner une conférence sur la prévention à une association de cardiologues du Maghreb. Les autres conférences portaient toutes sur les nouvelles techniques de dilatation coronarienne (dilatation d'une artère bloquée à l'aide d'un ballonnet). Dès l'annonce du sujet de ma conférence, la salle s'est vidée ! Les cardiologues présents à ce congrès préférant utiliser des moyens *high tech* pour traiter les maladies cardiovasculaires alors que seuls les plus riches de ces pays peuvent se payer un traitement de 4 ou 5 000 $. C'est d'autant plus dommage que ces populations étaient encore récemment habituées à l'activité physique et mangeaient très bien. Dans cette même ville j'ai vu une longue file de voitures qui faisaient la queue pour entrer dans le stationnement d'un restaurant de *fastfood* dont la chaîne est bien connue partout dans le monde. On peut malheureusement constater que l'Occident exporte toutes ses habitudes de vie néfastes dans des pays qui n'ont pas les ressources pour faire face aux conséquences. En Amérique du Nord, le problème de l'obésité prend aussi des proportions endémiques depuis les années 1980, en particulier chez les enfants. Pour la première fois depuis le début du vingtième siècle, on prévoit que l'espérance de vie sera plus courte chez les générations qui nous suivent en grande partie à cause de l'obésité. Celle-ci augmente la tension artérielle, la glycémie, la résistance à l'insuline, donc les chances d'un diabète, lequel amène presque inévitablement une maladie cardiovasculaire et des complications cérébrales, rénales, oculaires, etc. Un véritable fléau. On peut imaginer les coûts de l'hémodialyse (traitement de l'insuffisance rénale grave) quand on devra l'appliquer à une population croissante. D'où l'importance d'endiguer rapidement l'augmentation des problèmes d'obésité surtout chez les jeunes qui risquent de requérir des soins médicaux non plus dans la cinquantaine mais dans la jeune trentaine. N'oublions pas également que la sédentarité, la mauvaise alimentation et le tabagisme qui causent les blocages des artères coronariennes sont la principale cause de dysfonction érectile. J'utilise souvent cet argument auprès de mes patients qui hésitent à modifier leurs habitudes de vie, d'autant plus que les médicaments (Viagra, Cialis, etc.) qui traitent cette condition ont plusieurs effets secondaires et ne sont pas d'une efficacité absolue.

Les pistes de solution expérimentées pour la gestion du stress

Après maintes recherches en ce qui concerne la gestion du stress, au centre de prévention de l'Institut de cardiologie de Montréal, nous avons opté pour des ateliers qui s'inspirent de la méthode de John Kabat-Zinn, de l'Université du Massachusetts à Boston, importée chez nous par le docteur Robert Béliveau. Cette démarche comporte une période de méditation, une autre de relaxation et des échanges ; les rencontres durent deux heures et demie. Les participants sont invités à reproduire cette pratique à la maison entre les ateliers, ce qui leur demande de vingt à quarante-cinq minutes par jour. Après huit ou dix semaines, les gens en ressentent des bénéfices très importants, peu importe leur âge. À Boston, ce modèle (*Mindfulness-Based Stress Reduction*) est appliqué de façon très rigoureuse et comporte en outre des lectures entre les ateliers. Actuellement, des projets de recherches sur les effets physiologiques de telles méthodes sont élaborés afin de préciser en chiffres clairs leurs effets sur la tension artérielle, différents paramètres cardiaques et même sur le système immunitaire. Ajoutez à cela l'exercice physique (30 minutes de marche quotidienne épargnent au corps 1 000 calories par semaine) et une alimentation style méditerranéen, et vous bénéficierez à coup sûr d'une meilleure espérance de vie et surtout d'une meilleure qualité de vie. Cette amélioration de la qualité de vie se fera particulièrement sentir au cours des dernières sept ou huit années avant le décès, années qui sont souvent très pénibles chez les personnes atteintes de maladies chroniques. On a noté à cet égard que l'invalidité augmente beaucoup plus légèrement à partir de l'âge de 70 ans chez les personnes qui s'entraînent régulièrement.

En somme, la prévention mériterait d'être sérieusement promue à tous les échelons de la société incluant le corps médical. Tout le monde connaît maintenant les risques de la malbouffe, de la sédentarité et du tabac mais c'est le passage à l'action qui est difficile. Il en va non seulement de l'équilibre personnel mais de celui de toute la société.

La phytothérapie
n'a pas d'âge

JEAN-LOUIS BRAZIER

Professeur titulaire à la Faculté de Pharmacie de l'Université de Montréal, Jean-Louis Brazier est diplômé en Pharmacie et en chimie de l'université Claude Bernard à Lyon (France) et a obtenu son grade de Docteur d'État es Sciences Pharmaceutiques dans cette même université. Il a exercé les fonctions d'enseignant chercheur à la Faculté de Pharmacie de l'université Claude Bernard de 1970 à 1997 et celles de Directeur de l'Institut de Pharmacie Industrielle de 1989 à 1995. En 1997 il a intégré la Faculté de Pharmacie de l'Université de Montréal. Dans cette faculté, il a principalement la charge des enseignements de pharmacocinétique, phytochimie et phytopharmacie et d'un cours d'intégration pluridisciplinaire sur les soins pharmaceutiques. Il est l'un des conférenciers des « Belles soirées de l'Université de Montréal » avec une série débutée il y a 5 ans sur « le corps humain cet inconnu ».

Un peu d'histoire

En grec *phuton* veut dire « plante » et *therapeuein,* « soigner ». La phytothérapie consiste donc à soigner à l'aide de plantes. Dès son apparition sur la planète, il y a 3 millions d'années, l'Homo sapiens a cherché instinctivement dans la nature des plantes susceptibles de soulager la douleur ou de soigner des blessures. Par essais et erreurs, il a progressivement établi un corpus de connaissances phytothérapiques. En cela d'ailleurs, les animaux ont devancé l'homme en exploitant eux-mêmes les vertus curatives de certaines plantes. Observant, par exemple, des familles de singes, on a remarqué qu'ils consomment à des moments précis les feuilles d'une petite fleur où se trouvent des molécules qui éliminent les vers intestinaux et stimulent la production de progestérone chez les femelles. On appelle zoopharmacognosie cette discipline qui étudie comment les animaux – notamment les grands primates — utilisent les plantes dans la nature à des fins curatives.

Les humains ont exploité directement les plantes médicinales jusqu'à la fin du XVIIIᵉ alors qu'apparaissaient les techniques de la chimie extractive qui consiste à extraire des matières végétales les molécules pures qui agissent sur l'organisme, comme la morphine, la caféine, la nicotine, la spartéine, etc. Au gré des progrès de la chimie, on a par la suite réussi à déterminer la structure chimique des molécules constituant ces principes actifs des plantes (chimie structurale) et à mettre en évidence les récepteurs de l'organisme sur lesquels elles agissaient (pharmacologie). Pour illustrer ces deux avenues complémentaires de la recherche, on pourrait dire que la pharmacologie découvrait la serrure pendant que la chimie structurale découvrait la clé. La bonne clé s'ajuste à la bonne serrure pour donner un effet pharmacologique attendu.

Un peu plus tard, on a découvert dans ces molécules les groupements fonctionnels d'atomes qui sont responsables de l'action pharmacodynamique (pharmacophores). Ceux-ci ont servi de modèle pour synthétiser des médicaments tout à fait nouveau qui n'existent pas dans la nature. Finalement, on peut dire que toutes les molécules biologiquement actives en pharmacologie découlent d'une manière ou d'une autre de molécules naturelles. Certains médicaments nous viennent directement des plantes comme par exemple la morphine du pavot, l'atropine de la belladone… ; d'autres proviennent de molécules naturelles qui sont plus ou moins « bricolées » dans les laboratoires de chimie (hémisynthèse) pour en atténuer certaines propriétés moins désirables et améliorer les effets positifs, enfin, on fabrique de toute pièce des molécules médicinales calquées toutefois sur un pharmacophore issu de la nature. En somme, puisque même un médicament « synthétique » relève fondamentalement de la nature, on peut dire que toute la pharmacologie actuelle est reliée scientifiquement à la chimie des plantes et historiquement à la phytothérapie.

D'après toutes les pharmacopées du monde (ouvrages qui recensent les substances thérapeutiques d'un pays), incluant celles des chamans, des sorciers et des guérisseurs, on dénombre au moins 25 000 espèces de plantes à usage thérapeutique. Autrement dit, les forêts primaires constituent la plus grande pharmacie du monde, et on doit en conséquence s'inquiéter sérieusement des opérations de défrichage qui font disparaître ou mettent en péril des espèces déjà utilisées ou d'autres dont on n'a pas encore découvert l'utilité curative potentielle. Certaines substances très recherchées, en effet, dérivent de plantes rares qui risquent de disparaître avec l'exploitation forestière. Par exemple, le taxol, molécule anticancéreuse, se trouve uniquement dans l'écorce de certains ifs de la Côte ouest des États-

Unis. Or ces ifs mettent de 500 à 600 ans à pousser et il faut six arbres pour extraire de leur écorce le gramme de taxol requis pour un seul traitement; de surcroît, cet arbre meurt à la suite de l'arrachage de son écorce. Fort heureusement dans ce cas précis, des chercheurs ont découvert dans les aiguilles renouvelables de l'if européen un précurseur qui permet de fabriquer la molécule active par hémisynthèse. C'est dire à quel point le débat planétaire sur la conservation des espèces et la richesse de la biodiversité a toutes ses raisons d'être et son importance dans la quête des médicaments.

Le mythe du « naturel »

Dans l'esprit de nombreux contemporains, le terme « phytothérapie » évoque des substances curatives entièrement naturelles, quasi miraculeuses, plus pures et dénuées d'effets nocifs comparativement aux produits pharmaceutiques qui, eux, évoquent la chimie, la pollution, voire les dangers d'empoisonnement. Toutefois, comme on vient de le voir, même les produits pharmaceutiques dérivent d'une manière ou d'une autre de la nature et l'action des molécules naturelles est basée sur les mêmes principes pharmacologiques que celle des molécules synthétiques; il y par conséquent une bonne part de mythe dans cet engouement pour « le naturel » et, bien évidemment, le marketing ne manque pas d'exploiter abondamment la chose.

Il importe cependant de s'attaquer au mythe parce qu'il charrie des souvent des erreurs, des fausses croyances et beaucoup d'ignorance. En fait, ce qui explique la présence d'innombrables molécules actives chez les végétaux, c'est leur immobilité. Comme les plantes ne peuvent guère se défendre contre leurs multiples prédateurs en fuyant ou en cognant, elles le font par des moyens chimiques. Autrement dit, elles se fabriquent des insecticides, des antibactériens ou des antiviraux qui pourraient avoir de graves effets toxiques sur un organisme animal, y compris le nôtre. Par exemple, la morphine, l'atropine de la belladone, la scopalamine du datura représentent des poisons extrêmement puissants qui permettent aux plantes qui les contiennent de faire ou de garder leur place au soleil. Mais tout est une question de dosage : une certaine quantité de molécules actives peut guérir un malade alors qu'une surdose pourrait aussi bien le tuer. Quiconque pense que « tout ce qui est naturel est bon ou meilleur » pèche par naïveté, c'est le moins qu'on puisse dire. En réalité, le travail chimique le plus élaboré qui soit ne se trouve pas dans les laboratoires mais dans les plantes elles-mêmes qui possèdent une chimie d'une extrême complexité. Ce qu'il importe de considérer dans le domaine médicinal, c'est la fenêtre thérapeutique d'un produit d'où qu'il provienne, autrement dit l'intervalle entre la concentration au-delà de laquelle il devient toxique et celle en-deçà de laquelle l'effet reste insuffisant. À ce titre, il n'y a pas de différence à mes yeux entre une molécule fabriquée par une plante et la même molécule fabriquée en laboratoire. Ce qui compte, c'est de les utiliser adéquatement.

Il existe une catégorie de produits qui fait beaucoup jaser depuis quelques années, ce sont les produits phytopharmaceutiques. Un bel exemple réside dans le millepertuis. Celui-ci contient, entre autres, une molécule très importante, l'hyperphorine, qui a la propriété de bloquer la recapture de la sérotonine dans le cerveau exactement comme le font les antidépresseurs chimiques comme le Prozac® ou le Paxil®. En Allemagne, le millepertuis doit être prescrit par un médecin, et c'est le médicament le plus employé dans le cas des dépressions de légères à modérées. Or, si le millepertuis se trouve soumis à une réglementation de médicament dans certains pays, c'est précisément parce que de tous les produits soi-disant naturels exploités sur le marché, c'est celui qui présente le plus d'interactions médicamenteuses. Autrement dit, la molécule active du millepertuis diminue l'entrée de certains autres médicaments dans l'organisme comme par exemple les médicaments anti-rejets prescrits aux personnes ayant subi une greffe d'organe, les antiviraux prescrits aux personnes séropositives avec le VIH et, dans une certaine mesure, la pilule contraceptive. Voilà donc l'exemple d'un produit de santé naturel qui fonctionne bien dans la mesure où l'on connaît les doses requises, les effets secondaires et les contre-indications. Dit autrement, son utilisation fait appel à l'intelligence des utilisateurs.

Un autre bel exemple est celui de la glucosamine qui fait l'objet de publicités dithyrambiques. Si on consulte les recherches scientifiques sur ce produit, on remarque que la moitié d'entre elles lui accordent des vertus thérapeutiques, alors que l'autre moitié conclut à l'effet placebo. L'échinacée, qui jouit elle aussi d'une bonne réputation chez les consommateurs, prête également à la contradiction quoique dans une moindre mesure : 75 % des études lui attribuent des effets curatifs. Mais avant de tirer des conclusions définitives, il convient d'analyser soigneusement les protocoles de recherche et, pour le consommateur, de bien lire les étiquettes sur les contenants. Quand on voit, par exemple, « extrait d'échinacée », on manque sérieusement d'informations puisqu'il existe trois espèces de cette plante utilisées : l'échinacée *pupurea*, l'*angusfolia* et la *pallida*. Ces trois espèces contiennent des molécules actives différentes dont la proportion varie selon qu'elles sont extraites de la fleur, des feuilles ou de la racine et dont on ne connaît pas encore toutes les propriétés. Néanmoins, on sait davantage de quoi il s'agit si on lit par exemple : « extrait hydroalcoolique de racines séchées d'échinacée augustifolia » bien que, encore là, tout dépend de l'âge de la plante !

En somme, même quand on lit attentivement les étiquettes sur un contenant de substance dite « naturelle », beaucoup d'informations nous manquent pour savoir exactement ce que nous consommons. Ces remarques peuvent s'appliquer aussi à certains produits pharmaceutiques. Par exemple, un sirop pour le rhume agira sur la toux dans la mesure où il contient une dose suffisante de dextrométhorphan, c'est-à-dire de dix à vingt milligrammes par prise de quatre à six fois par jour. Or, dans les produits en vente libre, on constate que certaines posologies ne sont pas suffisantes pour que la molécule agisse.

La fiabilité d'un produit passe par des études pharmacologiques et cliniques

Prenons, par exemple, du laurier, de l'ail, ou quelque autre plante. Le chercheur en pharmacognosie extrait tout ce que contiennent les plantes ; il isole les molécules une à une, puis il les teste sur des modèles pharmacologiques pour en connaître l'action. Une fois ces tests réalisés, il tire des conclusions, c'est-à-dire qu'il énumère les propriétés que manifestent en laboratoire telles molécules quand on vérifie leur action sur des modèles isolés ou sur des animaux. Il peut s'agir de propriétés antifongiques, antivirales, antimicrobiennes, antiinflammatoires… mises en évidence quand les molécules en cause sont mises en contact avec tels ou tels récepteurs ou enzyme. Ainsi, la mise en évidence d'une activité pharmacologique sur des modèles ne signifie absolument pas que consommer de l'ail ou du laurier réglera mon problème clinique si je suis porteur de l'élément de pathologie auquel ils peuvent théoriquement s'attaquer. Encore faut-il que la dose de la molécule active soit suffisante et qu'elle puisse être absorbée par mon organisme. C'est justement là que le bât blesse : la publicité qui vante les effets du millepertuis, par exemple, nous jette de la poudre aux yeux quand elle prétend qu'il tue les virus, traite l'énurésie, vient à bout des abcès, empêche de faire des cauchemars, etc. Aucune plante ne détient les vertus d'une panacée, et si on découvre dans l'une ou l'autre des potentialités curatives exceptionnelles, celles-ci ne se révèlent pas de la même manière chez tout le monde. Bref, il y a la pharmacologie d'une part qui décèle, par exemple, l'action potentiellement antivirale d'une molécule et une certaine publicité, d'autre part, qui la présente comme un antivirus universel. Souvent, tout un pan d'informations manque entre les conclusions du laboratoire et le contenu de la publicité. C'est dans ces mailles manquantes que se glissent les faussetés et ces mailles relèvent précisément de l'application clinique des molécules actives. Autrement dit, l'efficacité médicinale réelle de ce que la pharmacologie découvre doit passer par des études cliniques pour atteindre un certain degré de certitude sur une efficacité thérapeutique reconnue basée sur la preuve. Et, quoi qu'il en soit, le remède miracle n'existe ni dans les produits naturels ni dans les remèdes fabriqués en laboratoire. C'est un mythe !

La protection du consommateur

Les produits naturels représentent un chiffre d'affaires annuel de plus de 4 milliards de dollars au Canada. Cela s'explique entre autres par la tendance de la population à privilégier les aliments ou les substances épargnées de manipulations chimiques. Comme les produits naturels permettent de faire de bonnes affaires, il n'est pas dit que l'un ou l'autre ne soit pas à la fois rentable et dangereux ou, à tout le moins, parfaitement inefficace. Il y a donc urgence de mettre de l'ordre dans ce créneau commer-

cial. Aussi, depuis 2004, Santé Canada impose-t-elle une réglementation qui ne valide pas l'efficacité clinique d'un produit
phytothérapique mais garantit son aspect sécuritaire. Pour qu'un
produit soit avalisé, il faut d'abord que le fabricant concerné dé-
tienne une licence d'exploitation, laquelle dépend de la qualité de
ses installations. Ensuite, chacun des produits qu'il met sur le
marché doit recevoir une licence de mise en marché qui repose
sur la précision de l'information : le contenu qualitatif et quantitatif doit être clairement indiqué. Autrement dit, on doit pouvoir
lire sur l'emballage la liste des ingrédients que contient le produit
en termes de substance active et d'excipients. Malheureusement,
la réglementation n'oblige pas à indiquer la preuve clinique de
l'efficacité du produit. Santé Canada se contente de preuves
pharmacologiques ou traditionnelles. Les preuves pharmacologiques et cliniques tiennent dans les conclusions d'un certain
nombre de recherches : le millepertuis, par exemple, est validé à
titre d'antidépresseur parce qu'il a été reconnu comme tel dans
plusieurs centaines de publications scientifiques. Quant à la
preuve traditionnelle, elle s'appuie sur la durée d'utilisation du
produit : une médication de la pharmacopée chinoise qui existe
depuis 3 000 ans pourra elle aussi être autorisée. Enfin, aucun
produit ne doit promettre la guérison et tout emballage doit indiquer clairement ses effets secondaires et les risques d'interactions
avec d'autres médicaments. Quand toutes ces conditions sont
dûment remplies, Santé Canada accorde la licence de mise en
marché du produit en lui attribuant un Numéro de Produit Naturel (NPN) comportant huit chiffres, à ne pas confondre avec
Drogue Identification Number (DIN) attribué aux médicaments proprement dits. Un consommateur avisé peut donc vérifier que le produit dont il entend se prévaloir a été autorisé par
Santé Canada dont le site Internet, d'ailleurs, publie la liste de
tous les produits avalisés.

Santé Canada, qui envisageait de passer en revue les 40 000 ou 50 000 produits sur le marché à la fin de l'année 2009, est loin d'avoir pu terminer le travail. C'est dire à quel point les consommateurs doivent redoubler de vigilance quand ils achètent un produit de santé naturel, surtout quand celui-ci promet l'impossible et donc faire le tri entre les produits portant un NPN et ceux ne l'ayant pas.

Restons ouverts

Quoi qu'on dise et quoi qu'on en pense, quand un médecin, un naturopathe, un herboriste, un acupuncteur ou un phytothérapeute recommande en toute bonne foi un traitement ou un produit susceptible d'aider un patient d'une manière ou d'une autre, il arrive souvent que cela donne de bons résultats. Ce qu'on comprend avec moins de précision dans plusieurs cas, c'est ce qui explique les résultats. Qu'en est-il par exemple de la glucosamine, un produit naturel très bien toléré par l'organisme et réputé contribuer à l'amélioration du cartilage ? Des études américaines ont démontré récemment que sur un échantillon de 3 000 personnes souffrant d'arthrose aux genoux et à qui on ne révélait pas la nature du traitement subi, 39 % ont trouvé 20 % de soulagement après avoir absorbé du célébrex ; 36 % on trouvé un soulagement équivalent en prenant de la glucosamine et 35 % ont déclaré avoir été autant soulagés en prenant des comprimés placebo ne contenant pas de molécule active. Sauter tout de go à la conclusion que la glucosamine n'est pas meilleure qu'un placebo, c'est couper un peu court. Ce que je pense, personnellement, c'est qu'un produit comme la glucosamine qui n'a aucun effet secondaire et diminue de 20 % la douleur articulatoire chez 36 % des utilisateurs tout comme le ferait un anti-inflammatoire chez à peine un peu plus d'utilisateurs dont, par surcroît, l'estomac en souffrira est loin d'être inefficace même si on ne sait pas trop s'il agit réellement sur le cartilage ou produit un effet placebo.

L'effet placebo n'est pas une vue de l'esprit. C'est un effet réel et mesurable dont on ne connaît pas encore bien les mécanismes. Prenons le cas de l'homéopathie. À titre de pharmacologue, je sais que dans les produits homéopathiques dont le principe actif a été extrêmement dilué il n'y a plus trace de molécules « actives » après une certaine dilution mais uniquement de l'eau. J. Benveniste a bien pu essayer de démontrer une mémoire de l'eau, on a tôt fait de déraciner ce mythe. À titre de monsieur Tout-le-monde, maintenant, j'observe que l'homéopathie peut avoir un effet placebo quand le symptôme traité comporte une forte composante subjective comme, entre autres, la douleur, des troubles du sommeil, etc. Il me semble agir dans la mesure où les attentes sont raisonnables. Si l'on voulait traiter un cancer au moyen de l'homéopathie, je doute fort que le résultat serait probant, mais cela pourrait peut-être aider certaines composantes de la pathologie. En somme, l'effet placebo ressemble à un processus de conditionnement. Par exemple, vous me dites : « J'ai mal », et je vous propose un produit placebo en vous disant : « Il n'est peut-être pas meilleur que les autres, mais c'est un tout nouveau produit. Essayez-le, il pourrait au moins vous soulager un peu. » Le lendemain, vous m'appelez : « Du tonnerre votre truc, Ça marche ! C'est le meilleur ! » On peut penser que vous attendiez quelque chose de ce produit et cette attente qui n'était pas déraisonnable a joué sur la thérapeutique. Peut-être que la confiance dans un produit placebo ou l'empathie de la personne qui vous le prescrit stimulent-elles la fabrication d'endorphines ou d'autres médiateurs. Un antidépresseur placebo, selon certaines études, a pour effet d'augmenter la sérotonine dans les synapses. Autrement dit un remède dénué de principe actif pourrait devenir pharmacologique dans certaines conditions. Personnellement, j'y crois et je m'intéresse beaucoup à l'effet placebo. D'ailleurs, voici une petite expérience à ce sujet, qui remonte à une trentaine d'années. Nous donnions des antidouleurs à un groupe de personnes âgées, placées en résidence, et des placebos à un autre groupe de la même résidence ; l'attente formulée visait la diminution de la douleur. Ces personnes pratiquement immobiles et isolées souffraient de pathologies rhumatismales, et elles ne savaient pas laquelle des deux substances elles prenaient. Cependant, une professionnelle éminemment empathique venait chaque jour leur administrer la petite pilule, leur parlait avec beaucoup de douceur, faisait leur bilan fonctionnel puis leur promettait de revenir le lendemain. Les observations montrèrent que les patients du groupe placebo se montraient pratiquement autant en forme que le groupe médicamenté. En somme, il peut y avoir un effet placebo considérable apporté par l'environnement du médicament. À la réflexion, rien n'empêche d'ajouter un produit de santé naturel à un médicament si le patient met sa confiance dans le produit naturel. Ce qui est criminel dans ce domaine, c'est d'administrer malhonnêtement des produits dont on sait pertinemment qu'ils ne contiennent aucun principe actif tout en sachant que le patient n'aura pas recours à d'autres moyens pour tenter la guérison ou chercher un soulagement. En fait, je pense sérieusement qu'on devrait créer une sorte d'« œcuménisme » thérapeutique et travailler à la lumière de plusieurs disciplines dans une même clinique pour additionner des effets cohérents chez les malades. Pourquoi un médecin ne suggérerait-il pas l'acupuncture ou pourquoi un acupuncteur ne dirigerait-il pas un patient chez l'ostéopathe ou la nutritionniste ?

Cela existe déjà… Tant que chacun restera bétonné dans son blockhaus, les choses n'avanceront pas.

La surconsommation de médicaments

C'est vrai! la population a tendance à sauter sur un médicament dès le moindre bobo; bref on a perdu un tantinet d'endurance. Mais s'il y a une surconsommation de médicaments au Québec, elle est en grande partie causée à la fois par un excès de publicité en cette matière et un manque d'informations scientifiques. Ce n'est pas que les gens soient rébarbatifs aux apprentissages, au contraire, mais les mass medias n'offrent pas suffisamment d'occasions de mieux connaître le corps humain et les effets complexes des médicaments, alors qu'ils publicisent allègrement plusieurs produits naturels ou pharmaceutiques. Prenons, par exemple, le Sudafed à base de pseudoéphédrine, autorisé en vente libre. Ce médicament enraye ou du moins diminue la congestion et l'hypersécrétion nasales occasionnées par le rhume, mais il ne convient pas à tout le monde, notamment dans les cas d'hypertension artérielle et doit être utilisé dans des conditions précises. En plus de l'allégresse du soulagement dont il fait montre éloquemment, vous n'entendrez jamais le comédien de l'annonce publicitaire vous dire : « Attention! il y a des contre-indications. » En réalité, il existe sur le marché plusieurs variétés de préparations de Sudafed. Pour bien choisir le produit adéquat, il ne suffit pas de repérer sur les tablettes celui qu'on a vu à la télé. Il est très important de lire attentivement la composition et les recommandations qui accompagnent le médicament ou de s'informer auprès du pharmacien qui tient à jour notre dossier. De plus en plus, il est vrai, les médecins avisent leurs patients des interactions médicamenteuses, mais il arrive encore que dans les cliniques sans rendez-vous où l'on consulte pour obtenir un antibiotique, on le prescrive sans égard à l'histoire médicale du patient. Toutefois, s'il importe d'alerter les professionnels de la santé pour ce qui est de l'importance d'informer leurs patients, il est tout aussi nécessaire que les responsables sociaux créent des moyens de transmettre directement aux utilisateurs des principes de bases concernant leur corps, leur santé et le fonctionnement des médicaments. Personnellement, je donne souvent des conférences sur le sujet et je suis toujours fasciné par la réceptivité et l'intérêt des auditoires. Je crois sérieusement qu'une saine information du public en matière de pharmacologie serait une source importante d'économies tout en accroissant chez les individus d'abord une prise de conscience puis une meilleure prise en charge de leur corps et de leur santé.

L'exercice physique, une ressource efficace et gratuite

RICHARD CHEVALIER

Détenteur d'un baccalauréat en éducation physique et d'une maîtrise en physiologie de l'exercice, Richard Chevalier collabore au quotidien La Presse depuis 2002 et est rédacteur d'un mensuel sur l'activité physique, le Kiné-santé. Il a livré pendant des années des conférences sur les bienfaits de l'exercice, écrit de nombreux articles sur la santé et la condition physique ainsi que plusieurs ouvrages. Richard Chevalier a été professeur d'éducation physique au cégep Bois-de-Boulogne de 1969 à 2005.

Progrès et régression

Dans le domaine de la santé, qu'il s'agisse de prévention ou de processus de guérison, l'exercice physique a fait ses preuves au sens fort du terme. La recherche scientifique, depuis quelques années, ne cesse en effet de démontrer noir sur blanc les puissants effets des sports, de la marche et de divers programmes d'exercices. Si l'activité physique intéresse aussi vivement les sciences reliées au phénomène de la santé, c'est, paradoxalement, en raison des progrès technologiques et industriels qui permettent de réaliser un tas de choses sans qu'il soit pratiquement nécessaire de bouger, ce qui, malheureusement, peut avoir des conséquences néfastes sur le corps et l'esprit. Chez les enfants la réduction de l'effort physique est particulièrement frappante. Par exemple, alors qu'autrefois les enfants étaient souvent forcés de marcher deux ou trois kilomètres pour aller à l'école, de nos jours nombreux sont ceux qui passent le plus clair de leur temps assis dans un autobus, puis en classe, puis devant un des nombreux écrans qui meublent désormais leur environnement : l'écran du téléviseur, l'écran de l'ordinateur domestique, l'écran de la console de jeux, l'écran du cellulaire et l'écran du baladeur numérique. C'est le début d'un comportement délétère en regard de la santé. Ils pourraient bien, une fois adultes, se rendre au dépanneur du coin en voiture s'il manque un litre de lait à la maison : ils n'auront alors fait que quelques pas sur les 10 000 souhaitables dans une journée! Aujourd'hui, les gens disposent de telles facilités de déplacement et leur gagne-pain fait tellement plus souvent appel à leurs neurones qu'à leurs muscles que le risque est grand de perdre le goût de l'effort physique. Car, dans ce domaine, moins on en fait, moins ça nous tente et, finalement, on se crée des fragilités physiques et même psychologiques à plu-

sieurs égards. Ce que la vie courante garantissait avant la révolution technologique, nous devons désormais prendre la décision
de l'inscrire à l'agenda. En fait, il faut se rappeler constamment
de bouger !

Les lumières de la recherche scientifique

À tout moment, des études s'amorcent sur le rapport entre telle
ou telle maladie et l'exercice physique. Qu'on parle de certains
cancers (du sein, du côlon, des ovaires et possiblement de la
prostate), du diabète de type 2, de dépression, d'anxiété chronique, d'un affaiblissement de l'estime de soi, de problèmes de
vieillissement, d'impuissance sexuelle, de problèmes cardiaques,
d'hypertension…, on tend de plus en plus à prouver que l'activité physique agit puissamment sur les processus de prévention
ou de guérison afférents. Non seulement cette ressource prodi-
gieuse ne coûte rien financièrement mais elle offre au malade la
possibilité de prendre lui-même en main sa situation physique et
psychologique, ce qui contrecarre la déprime souvent associée à
la réception d'un diagnostic. On note un renversement des men-
talités ici : par exemple, quand le taux des maladies cardiaques
s'est mis à grimper vers les années 1950-1960, le cardiologue
conseillait à ses malades de ménager leur cœur, tandis qu'aujourd'hui, on les enjoint de s'inscrire à un programme d'activités
physiques qui sollicitent justement le muscle cardiaque. Si, dans
les milieux médicaux, on en est venu à une telle conviction en
regard également de plusieurs autres affections, c'est en vertu
des nombreuses recherches scientifiques qui ne cessent de la valider non seulement dans le créneau physiologique mais aussi
dans certains domaines de la santé mentale dont, notamment, la
dépression et l'anxiété chronique. Tout cela peut se calculer sous

divers angles et, incidemment, d'autres champs d'études font conclure aux chercheurs que d'augmenter l'activité physique de 15 à 20 % dans la population réduirait d'autant les coûts de la santé. D'où l'urgence pour les gouvernements d'investir autant dans la promotion de l'activité physique que le font les industries pharmaceutiques pour publiciser leurs médicaments.

Comment les choses se passent quand on bouge

Prenons l'exemple de la dépression qui revêt maintenant des proportions presque endémiques. D'après certaines études, les personnes dépressives qui, encouragées par leur thérapeute, décident de faire des exercices physiques régulièrement voient leurs symptômes diminuer, ce qui peut devenir, dans certains cas, une solution de rechange aux médicaments. Sans compter que de prendre soi-même en charge ses problèmes de santé joue en faveur de l'estime de soi parce qu'on est plus impliqué dans le processus de guérison que d'avaler un antidépresseur et d'attendre, passivement, l'effet. L'effet de l'exercice sur l'humeur s'explique notamment par son action sur certains neurotransmetteurs. En fait, l'exercice physique agit en particulier sur la sérotonine impliquée dans l'équilibre émotionnel, laquelle fait défaut dans une certaine mesure aux personnes déprimées. Cette donnée est très facile à vérifier dans la vie courante : marchez d'un bon pas pendant vingt ou trente minutes ; vous ne sentirez certainement pas votre taux de cholestérol ou votre tension artérielle diminuer, mais une fois rentés à la maison, vous serez probablement de meilleure humeur, sinon ragaillardi. Les premiers résultats évidents sont donc de nature à la fois psychologique et énergétique. Du point de vue de la santé mentale, on a également constaté que de 20 à 30 minutes d'exercices quotidiens détendent la musculature, ce qui contribue à diminuer l'anxiété. Autrement dit, l'exercice a des effets anxiolytiques.

Dans tous les cas, les meilleurs exercices sollicitent les muscles des membres inférieurs et du bassin, ce qui active la pompe cardiaque et stimule *de facto* le métabolisme, produisant ainsi une série de réactions biochimiques favorables au bien-être et à la santé. C'est donc dire qu'il s'agit d'entrer assez globalement en mouvement. Autrement dit, on ne pourrait pas, par exemple, inscrire le *bowling* ou le tir à l'arc dans la catégorie des exercices tout à fait adéquats, mais le tennis, la natation, le ski de fond ou le jogging, certainement.

Depuis trois ou quatre ans, grâce à de nouvelles technologies d'imagerie médicale, on sait que l'exercice ralentit le processus de vieillissement, en particulier le vieillissement du cerveau. En augmentant de 20 à 30 % le débit sanguin dans celui-ci, l'exercice accroît sa teneur en nutriments et en oxygène. On note, par exemple, que comparativement à celui des personnes sédentaires, le cerveau des personnes actives présente plus de matière blanche et plus de matière grise, ce qui laisse entendre que le système de communication entre les neurones répond mieux. On peut vérifier ces faits par des tests qui s'adressent à la pensée et font appel à la concentration : les personnes actives montrent en moyenne de meilleurs résultats que les sujets sédentaires. De là à croire que l'exercice peut jouer sur les processus biochimiques impliqués dans la maladie d'Alzheimer, il n'y a qu'un pas et qui sait si la recherche n'est pas en train de le franchir.

On parle moins du lien entre l'exercice et la libido, mais il n'existe pas moins. Entres autres, une recherche auprès de nageurs et de nageuses de 70-80 ans a démontré qu'ils sont restés très verts sur le plan sexuel. La plupart du temps, dans les cas d'impuissance sexuelle masculine dont les causes ne sont pas psychologiques, on note une obstruction des artères péniennes causée par des dépôts de substances grasses. Or c'est justement ce que prévient l'exercice dans l'ensemble du système artériel.

Un autre phénomène marquant concerne les ondes alpha que stimule l'exercice physique : elles ont la propriété de faciliter la communication entre les deux hémisphères cérébraux et de mieux équilibrer le fonctionnement du système nerveux. Non seulement ces ondes ralentissent le rythme cardiaque mais leur action peut, entre autres, favoriser le jaillissement de bonnes idées pendant une promenade, comme, dit-on, ce fut le cas pour Aristote à qui nous devons d'ailleurs les premiers pas de l'humanité vers la méthode scientifique !

La dose recommandée

L'exercice physique ne garantit pas la santé ni la guérison, mais il donne de sérieuses chances à la prévention et il soutient solidement l'organisme soumis à des traitements-chocs. Autrement dit, la personne active a tout à gagner à le rester.

Devenir une personne active ne demande pas une préparation de marathonien. Il suffit de trente minutes d'exercice modéré par jour pour mettre en branle les réactions biochimiques favorables au maintien ou au recouvrement de la santé. Il n'est même pas nécessaire de bouger pendant trente minutes consécutives ; on peut répartir l'exercice en deux ou trois séquences. Si vous marchez rapidement trois fois dix minutes ou deux fois 15 minutes, quitte à monter les escaliers de la station de métro plutôt que de choisir les escaliers mobiles, vous atteignez la dose des personnes moyennement actives. Rien ne vous empêche d'en faire un peu plus quand vous le pouvez ! D'après de récentes recherches, passer de trente à quarante-cinq minutes augmente encore la protection contre les cancers du sein, et du côlon. Une marche est considérée rapide quand on fait 110-120 pas par minute.

On est d'autant plus sûr de persister dans ces bonnes habitudes que la décision et la motivation dérivent de convictions personnelles profondes. S'en remettre à quelque programme après les festivités de Noël parce qu'on a pris du poids n'est certes pas inutile mais il n'est pas sûr qu'au terme de la session, on poursuive par des exercices quotidiens, surtout après avoir retrouvé son poids idéal. Les chances de persévérer sont nettement plus fortes quand on fait de l'exercice l'une de ses principales priorités inscrites à l'agenda.

On ne le dira jamais assez : bouger ne coûte rien, rend plus heureux et joue puissamment en faveur de la santé.

Table des matières

Pour la santé